LE
CRÉDIT RETROUVÉ,

PAR UN PAUVRE.

> Faute d'un clou, un fer se détache ;
> faute d'un fer, un cheval s'arrête ; faute
> d'un cheval, le cavalier poursuivi est
> atteint. Ainsi, un homme est perdu
> pour ne pas avoir fait attention à l'un
> des clous des fers de son cheval.
>
> (FRANKLIN.)

PRIX : 60 CENTIMES.

PARIS.

JACQUES LECOFFRE ET Cᵉ, LIBRAIRES,

RUE DU VIEUX COLOMBIER, 29.

1849

LE
CRÉDIT RETROUVÉ;

PAR UN PAUVRE.

> Faute d'un clou, un fer se détache ;
> faute d'un fer, un cheval s'arrête ; faute
> d'un cheval, le cavalier poursuivi est
> atteint. Ainsi, un homme est perdu
> pour ne pas avoir fait attention à l'un
> des clous des fers de son cheval !
>
> (FRANKLIN.)

PARIS,

JACQUES LECOFFRE ET Cⁱᵉ, LIBRAIRES,

Rue du Vieux-Colombier, 29.

1849.

IMPRIMERIE BAILLY, DIVRY ET COMP.,
Place Sorbonne, 2.

A

MONSIEUR L'ABBÉ J.-B. GRELLET,

DU CLERGÉ
DE L'ÉGLISE DE SAINT-ROCH, A PARIS.

*Hommage de reconnaissance de son
ancien élève*

***

Paris, décembre 1848.

TABLE DES MATIÈRES.

—

LE
CRÉDIT RETROUVÉ.

CHAPITRE PREMIER.

Le Budget. — Le Positivisme. — Le Crédit. — *La Propriété.* — Son Influence. — Petit Examen pratique des Intérêts communs au Crédit, à l'Industrie et à la Propriété.

> Faute d'un clou, un fer se détache ; faute d'un fer, un cheval, s'arrête ; faute d'un cheval, le cavalier poursuivi est atteint. Ainsi, un homme est perdu pour ne pas avoir fait attention à l'un des clous des fers de son cheval. (FRANKLIN.)

En proposant comme moyen de rétablir le Crédit, le projet dont cet écrit fera ressortir, je l'espère, la complète efficacité, je me base sur un fait que je recommande à l'attention des économistes.

Ce fait m'apparaît si net, que je trouve dans son exposé seul, une réfutation suffisante de toutes ces doctrines que l'on présente comme nouvelles, et dont l'introduction dans notre société aurait pour effet d'y remplacer, par un positivisme plus ou moins absolu que l'humanité repousse, parce qu'il lui est antipathique, un ordre de choses existant, — habituel, — qui est conforme aux tendances de l'humanité, et qui est son élément naturel et nécessaire ; — l'humanité étant dominée bien moins par le besoin de l'*assurance d'être*, que par le sentiment de son droit d'être, même à ses périls, *libre, diverse, agitée,* ESPÉRANTE, *ambitieuse* ou *résignée.*

Ce fait, que j'expliquerai sommairement, est celui-ci ·

En France, dans ce pays, roi de la civilisation, le produit de la valeur du sol, qui est le seul *produit positif,* est absorbé dans des proportions diverses qui ont varié, suivant les époques, des trois quarts aux cinq sixièmes, pour les seuls besoins du budget.

Qu'est-ce que le budget ?

Le budget est un tribut prélevé et payé par tous, sur l'ensemble des produits de la fortune publique, au profit et pour le maintien de la force qui protège, laquelle force est : la chose publique, et s'appelle : le Gouvernement ou l'État.

Un tribut prélevé sur des produits, est nécessairement subordonné, pour ses conditions d'être, à la possibilité d'être des produits sur lesquels il se paie; conséquemment, il ne doit être perçu que dans des proportions, qui non-seulement ne puissent pas en compromettre, mais qui puissent en conserver et même en féconder le principe. L'expérience ne donne pas la règle précise des proportions à établir entre le tribut et les produits de la fortune publique; mais il y a une nécessité de proportions, et cette nécessité doit être identique à celle des proportions qui existent dans les rapports qui lient l'intérêt et le capital. Là, non plus, il n'y a pas de règle positive; mais il est acquis, que si l'intérêt est rationnel, il se paie, et que le capital se maintient; qu'au contraire, si l'intérêt est anormal, il ne se paie pas, et que le capital s'anéantit.

Nous venons de voir que le budget absorbe, à lui seul, à peu près la totalité des produits du territoire.

Mais si la totalité de ces produits qui représentent *tout le capital positif*, est nécessaire pour satisfaire aux besoins du budget, qui est le tribut payé à la force qui protége; il est clair que ces produits, qui sont cependant notre *seul avoir réel* *et positif,* deviennent seulement *le tribut* dans l'ensemble du mouvement social.

Les produits devenant *tribut,* il faut que comme tribut ils aient leurs conditions normales d'être et de se reproduire, c'est-à-dire que les produits ne soient prélevés comme tribut, que dans une mesure équilibrée comme doit l'être celle de l'intérêt d'un capital.

Mais comment se fait-il que les produits du territoire, *seul fait réel positif et connu,* ne soient dans l'ensemble social que le *budget,* c'est-à-dire le tribut prélevé dans les proportions de l'intérêt payé pour le prêt d'un capital? Il faut alors qu'il y ait en dehors de ce qui est *positif et connu* une *force inconnue,* qui soit au *connu* comme le capital est à l'intérêt; enfin, qu'il y ait un *capital inconnu!*

Cela est indispensable et cela est; cette *force inconnue* existe; c'est la circulation, c'est le Crédit, et comme nous trouverons toujours Dieu et ses enseignements dans tout ce qui nous est avantageux, nécessaire et utile; à cette demande : ce capital inconnu! cette force inconnue! cette circulation! ce Crédit! qu'est-ce donc? c'est la confiance; et qu'est-ce que *la confiance?* C'EST LA FOI!

Ainsi, pour la société, le revenu du territoire,

revenu positif, est au *revenu non positif*, dont la foi, c'est-à-dire le Crédit, est la source, dans la proportion inférieure de l'intérêt au capital.

Ce fait est considérable; je sais tout ce que l'on peut faire d'objections spécieuses pour le contester et l'amoindrir; mais quoi que l'on puisse en ôter, il subsistera toujours assez puissant pour valoir, à lui seul, comme négation péremptoire du *positivisme*.

Un budget étant une nécessité, et n'arrivant que comme l'intérêt d'un capital qui n'est que l'ensemble de toutes les forces produites par l'activité publique; il faut..... que non-seulement l'activité, qui est le capital, produise le budget, qui est le revenu; mais qu'elle produise encore au delà pour pourvoir à l'imprévu auquel jusqu'à présent il ne nous a pas été possible d'échapper.

A de certains moments de crise, l'activité baisse; mais le budget ne peut pas baisser! au contraire.....; il monte en raison même du ralentissement de l'activité... Il se trouve alors acquérir une double puissance contre le maintien du capital.

Si un pareil état de choses subsiste, il doit nécessairement amener la ruine du capital.

Nous nous trouvons sur cette pente; il n'y a

qu'une manière de ne pas nous laisser entraîner; c'est de croire, qu'il n'y a pas d'obstacles qui ne cèdent à la volonté; et si les obstacles qui nuisent au Crédit sont plus puissants que jamais, de leur opposer des forces qui rendent le Crédit plus puissant, plus réel, et plus productif que jamais.

Je n'ai pas à scruter ici les chiffres du budget pour découvrir de combien de millions de francs on pourrait le réduire; en d'autres termes, à prouver qu'au lieu de payer l'intérêt d'un capital au denier vingt, par exemple, on doive le payer au denier dix-neuf et neuf cent quatre-vingt-dix-neuf millièmes [1].

---

[1] Entre tous les services dont se compose le budget, celui de l'armée occupe le premier rang par l'importance de son chiffre, et comme le premier rang lui revient aussi à cause de son influence protectrice sur toutes les sources du revenu public et du *Crédit*, il faut le considérer toujours comme principe, et malgré l'énormité de la somme qu'il coûte, mûrir à l'avance toute pensée de réduction et ne la présenter jamais qu'avec réserve. Dans la question de l'armée il y a trois choses à considérer, dont la plus futile en apparence n'est peut-être pas la moins sérieuse; notre caractère, les circonstances et les avantages.

Nous sommes naturellement soldats, et tant que je nous verrai, bons bourgeois, marchands ou philosophes, des-

Dans la question du *Crédit*, ce n'est pas l'un des détails qu'il faut envisager, mais l'ensemble ; il faut même l'envisager d'une certaine hauteur

cendant dans la rue ou nous mettant à nos fenêtres, et interrompant un repas, une affaire, ou l'examen le plus approfondi d'une question *sociale*, pour voir et suivre peut-être un régiment qui passe avec ses sapeurs, son tambour-major et sa musique, je dirai : Nous sommes toujours les mêmes ; il nous faut des soldats ! en doute-t-on ? Mais alors pourquoi donc tant d'applaudissements et de cris de joie ? Pourquoi tant de mouchoirs agités pour saluer leur retour ?

Ne s'est-il pas passé à Paris, à Lyon, à Rouen et ailleurs certains faits où les soldats ont été réclamés et employés *utilement ?* De tels faits sont-ils devenus aujourd'hui tellement impossibles que l'on ne doive plus même les prévoir ; dans l'assurance où l'on est que l'on aura plus à les déplorer ? Suivant la réponse à ces questions, je dirai : Plus ou moins de soldats ! Mais combien ? je ne sais ; et le ministre serait lui-même bien embarrassé de le dire ; mais si je ne peux pas conclure, j'ai le droit de vouloir m'éclairer.

On dit : Pourquoi n'aurions-nous pas une armée d'un million de travailleurs ? — Mais ce million d'hommes armés ne serait pas une *armée,* et au besoin il ne donnerait même pas un *soldat,* parce que le courage et le savoir que chacun prouverait à l'occasion ne remplissent qu'une partie des conditions qui font le soldat.

Ce qui fait le soldat, c'est l'habitude, c'est-à-dire la pratique régulière et assidue de cette existence exceptionnelle, pour ne rien proposer qui ne soit largement possible.

Me faut-il arrêter à ces questions que l'on appelle *sociales?*

Quelle est la valeur de la propriété? Nous venons de le voir. Elle représente un peu plus que l'intérêt de notre capital. Eh bien! des systèmes

qui est la vie militaire, véritable sacerdoce, pendant lequel l'homme assujetti à toutes les obligations du rang, de l'autorité et de la règle, ne pense à vouloir que sous l'inspiration de ces deux mots : *obéissance et discipline.*

Et si je venais ici parler des nécessités commandées par les intérêts de notre honneur national!

Enfin, on dit : retranchons 200 mille hommes, nous économiserons 200 millions. Je ne connais rien de plus facile à trouver. Je propose une autre manière de décider la question, dans l'intérêt du budget et surtout du *Crédit* qui m'occupe.

Je propose que l'on recherche, tout en appréciant chaque chose aussi modestement que l'on voudra, *pour combien* le soldat, seulement à circuler, surtout à *flâner* dans une ville, contribue, comme preuve mouvante de l'ordre, à la sécurité et au laisser-aller des citoyens? *pour combien* le soldat donne de satisfaction et d'assurance à nos habitudes? *pour combien* il nous délivre des contagieux effets de la peur? *pour combien* la quiétude que cause sa rencontre et l'entrain que donne sa musique (surtout quand elle est joyeuse), tendent à accroître la consommation, par consé-

où l'on demande pour toute fortune publique cette propriété qui dépasse à peine l'intérêt de la fortune dont jouit, ou devrait jouir, notre société;..... ces systèmes sont proclamés *systèmes avancés!* et le bon sens qui ose soutenir que le tout est plus grand et vaut mieux que la partie, est conspué, comme étant *rétrograde!* évidemment cela est absurde! et cela s'accepte! oui! précisément parce que cela est absurde. Est-ce que l'homme trompé peut, parce qu'il est trompé, échapper à sa nature, dont le plus im-

quent tendent à grossir les produits du budget, et par suite à maintenir et à fortifier le *Crédit.*

Que l'on fasse une addition de tous ces *combien,* et combien y en a-t-il encore que je laisse! que l'on mette en regard le chiffre que coûte annuellement un soldat au budget, et que l'on décide suivant la différence.

Au reste, je déclare que quelle que soit la *balance* en faveur du soldat, je ne prétends ici, ni que l'on doive avoir un million de soldats, ni même qu'il faille en conserver 500 mille.

Mais je demande lorsque l'on traite la question de l'armée, que l'on examine cette question, non pas en s'y roulant sur les *puisque et les donc forcés* d'un raisonnement; mais en l'explorant avec une attention et une intention *libres,* parce que c'est seulement ainsi que l'on pourra la résoudre avec utilité pour la fortune publique et le *Crédit.*

périeux besoin est de *croire et d'adorer?* Non; mais que fait-il? Au lieu de reconnaître l'immense bienfait du rayon divin qui est en lui, il lutte par orgueil contre son influence, et comme il ne peut s'y dérober, il livre, de guerre lasse, à des idées qui le diminuent et l'abâtardissent une force dont il ne veut pas se servir pour se grandir et s'élever.

Ainsi, las du Serpent d'airain, les Juifs s'inclinaient devant le Veau d'or; ils désobéissaient à Moïse, mais ils adoraient [1]!

Jetons seulement un coup d'œil sur la pro-

---

[1] Depuis plus d'un siècle, tous les hommes qui se succèdent au pouvoir, adoptant ce thème laissé tout fait, connu et nullement varié : *la nécessité de préserver les Etats des dangers dont les menace la religion,* cherchent leur croix de patriotisme dans la découverte d'un moyen qui pourrait permettre, tout en se présentant rayonnant d'amour de la liberté, enivrant de ses parfums, de traiter nos besoins de *Dieu,* comme on traite certaines soifs dans les sociétés de tempérance, c'est-à-dire de les mettre au régime.

Le moyen manque toujours; mais aussi les difficultés sont grandes. Que l'on en juge! Ce que l'on cherche n'est rien moins que la quadrature du cercle appliquée à l'intelligence, *grammatici certant!* Patience! on trouvera; et comme les premières études de cet immense problème ne

prieté, et sur ses rapports avec l'industrie, pour pouvoir apprécier les avantages que le rétablissement du Crédit assure à ces deux éléments de civilisation et de progrès.

datent encore que de 166 ans, on voit de reste que l'on aurait tort de désespérer.

En attendant, voilà ce qui arrive : l'intelligence s'éloigne de *Dieu*, qu'il ne lui est permis de rechercher, d'adorer et de servir que moyennant sacrifice et mutilation préalables de sa liberté et de ses plus vivantes aspirations ; et elle va..... ailleurs ! Là, du moins, elle peut se croire *libre*, puisqu'elle est laissée *libre* devant tous les fruits de l'arbre de la science.

Dieu, sans doute, garde des pardons pour les victimes de l'erreur ; car enfin ils *croient*, ces malheureux ! et croire, même au mal, me paraît encore plus digne de la noble et libre créature que croire à demi ou ne croire à rien ! Et cependant, les hommes d'État demeurent majestueusement et imperturbablement préoccupés DE LA NÉCESSITÉ DE PRÉSERVER LES ÉTATS DES DANGERS DONT LES MENACE LA RELIGION !

Pourtant, j'espère que la République se manifestera par son respect pour les conditions de sa nature ; qu'elle comprendra que son avenir dépend de sa sollicitude à préserver de toute altération la sève vivifiante de la *liberté*, et que surtout elle ne relèvera pas de terre le libéralisme corrupteur qu'elle a renversé ; à moins, toutefois, qu'elle ne veuille oublier que ce libéralisme est prédestiné à être

La propriété n'ayant qu'une importance relativement faible dans l'ensemble de la fortune sociale, pourquoi est-elle le but des attaques de tous les philosophes hostiles à l'état actuel de la société ?

C'est que, tenant la propriété, ils pensent qu'ils seraient les maîtres de la source d'où sortent toutes les richesses que la propriété suscite et féconde.

C'est une erreur. Dénaturer les conditions d'être de la propriété, et s'imaginer que l'on pourrait ensuite en obtenir toutes les forces dont ces conditions la constituent la base, ce serait quelque chose comme arracher un arbre dans l'idée que l'on pourrait trouver des fruits dans ses racines. La propriété participe de la nature de l'arbre, il lui faut le temps pour pouvoir livrer dans toute leur valeur les produits de son mystérieux travail, et que Dieu la préserve des recherches impatientes et des indiscrètes expérimentations ! Sinon, préparons-nous à la voir s'appauvrir et succomber, absolument comme l'arbre dont on

le MENIN FUNESTE de tous les pouvoirs, qui, manquant d'intelligence ou d'énergie, et cédant à ses cajoleries ou à ses menaces, se laissent aller à devenir les instruments de ses instincts avides, égoïstes et tracassiers.

avance d'autant plus le terme, qu'on le tourmente davantage pour hâter et forcer le rendement de ses fruits.

Du reste, si je m'explique que l'on argumente pour attaquer la propriété, ce que je ne m'explique pas, c'est que l'on se mette à argumenter pour la défendre ! Qu'on l'attaque donc, puisqu'on la défend ! Au moins nous aurons les inconséquences de l'attaque comme contre-poids des effets dangereux de la défense.

Il n'y a qu'une défense de la propriété, c'est le respect.

Il faudra donc aussi défendre ces distinctions honorifiques, ces grades, ces récompenses pécuniaires, etc., qui sont les compléments nécessaires et naturels de la propriété ! Enfin défendre tout ; car tout se tient !

Dans l'intérêt de la société et de notre jeune république, gardons-nous, au contraire, de nous engager dans de vains embarras, et au lieu de soulever des doutes sur ce qui est, et de paralyser les dévouements, demandons, s'il est possible, que l'on invente quelque chose qui puisse surpasser la propriété, les récompenses et les distinctions ;..... quoi que ce soit qui puisse devenir une aspiration nouvelle ! et il le faut ; car toute société ne vit que sous le poids de cette condition fatale que, du jour où l'on en pourrait dire : *l'honneur y a prononcé le dernier mot*, il n'y aurait plus à compter cette société ; *elle aurait vécu*.

La propriété vient d'en haut ; c'est Dieu lui-même qui l'a constituée, lorsqu'il a dit : *Tu ne convoiteras pas le bien d'autrui*. Or Dieu ne parle pas en vain ; et plus qu'aucune autre nation du monde nous pouvons témoigner de sa parole. Un jour Dieu décida de punir sur tout une caste de privilégiés l'orgueil, l'égoïsme et l'ingratitude de quelques-uns. Que fit-il ? Il prit ses victimes ; mais ferme dans ses promesses et voulant mieux assurer la propriété, il fit pour la propriété ce qu'il avait fait pour sa religion. Il la remit à la garde du peuple, qui en gardant la propriété, et il la gardera, garde en même temps plus qu'il ne pense, et beaucoup plus qu'on ne pense, de l'immuable et infaillible enseignement.

Voici, au moment actuel, la constitution de la propriété (almanach de la communauté de 1843). Il se trouve 230,000 propriétaires jouissant d'un revenu moyen de 2,000 fr. Cela ne forme pas, on le voit, une bien puissante aristocratie, et 22,300,000 petits propriétaires. Or il me semble que lorsque dans un pays on compte près de 23,000,000 de propriétaires sur une population de 35,000,000 d'habitants, il me semble, dis-je, que l'on peut considérer la propriété comme étant assez solidement assise dans ce pays pour ne pas devoir y être ébranlée.

Mais si pour les propriétaires le danger n'est pas dans l'agitation dont on les inquiète, il est ailleurs; car Dieu ne donne rien gratuitement, le danger est pour eux dans le repos dont on les berce.

Propriétaires qui tenez à acquérir, à jouir ou à conserver ! au lieu de vous endormir sur la dé— monstration irrécusable de vos droits ou sur la valeur de ces arguments auxquels rien ne man— que, dans lesquels tout est prévu, défini, assuré, au nom de la science humaine qui depuis 60 ans, comme chacun sait, ne s'est pas trouvée une seule fois en défaut, suivez les conseils que je vais vous donner [1].

---

[1] Comme je sais que toute puissance a ses faiblesses et ses flatteurs, je juge convenable de rapporter un trait de la vie de Louis XIV, pour préserver l'utilité de mes conseils des méprises que peuvent faire des susceptibilités froissées ou suscitées mal à propos.

Louis XIV, toujours cité comme le type de l'absolu, qui effectivement se montra souvent absolu et même quelquefois envers ce qu'il aurait *absolument* dû respecter, fut un jour sévèrement désigné dans un sermon auquel il assistait. Le sermon fini, les courtisans ne parlaient de rien

Ne dormez pas! veillez au contraire, non à cause de l'idée que vous devez toujours être prêts à vous défendre; car mieux vaudrait dormir que veiller pour penser à mal; mais pour ne pas avoir à vous reprocher de laisser jamais passer devant vous une seule OMBRE de devoir sans l'interroger, juger et utiliser suivant sa valeur; veillez pour cela! Ou Dieu qui quelquefois éprouve, et qui n'aime ni l'apathie ni l'égoïsme; Dieu qui compte pour aussi peu le nombre que les dignités et la puissance, pourrait bien, pendant votre sommeil, avoir décidé quelque chose en vue d'une meilleure garde de son éternel principe de la propriété (*cui multum datum est, multum quœritur ab illo*).

La propriété étant, et ne pouvant pas ne pas être, la société subsiste dans toutes ses conditions de maintien, de prospérité et d'avenir.

Si ces conditions étant, la société souffre, c'est que ces conditions se trouvent privées de leur complément nécessaire, qui est *le Crédit*.

Mais le Crédit doit en sortir comme conséquence nécessaire, pourvu que la société le veuille.

que de faire punir l'audacieux prédicateur : *Non, Messieurs*, dit Louis XIV, *il a fait son devoir; faisons le nôtre!*

Que la société veuille, *le Crédit sera;* qu'elle veuille de suite, *le Crédit sera de suite.* Et il faut d'une manière absolue que le *Crédit soit,* et qu'il *soit de suite,* ou la société est en péril.

Le Crédit est dans la société comme l'inconnu x, dans une règle de proportion; et comme x, il doit se rencontrer par le rapprochement des termes connus.

Il est acquis, il est péremptoirement vrai que la propriété hausse ou baisse suivant que le Crédit hausse ou baisse. Par conséquent, la propriété et le Crédit sont liés... La propriété et le Crédit étant liés, celui qui est a intérêt à ce que l'autre soit; la propriété étant, elle doit vouloir que le Crédit soit aussi. Cela est incontestable, et comme dans l'examen que nous avons fait de l'importance relative de la propriété dans l'ensemble du mouvement social, nous avons établi que la propriété en est l'élément positif et connu, nous prendrons la propriété pour premier terme de la proportion suivante, qui représente exactement le fait social : LA PROPRIÉTÉ EST A LA SOCIÉTÉ COMME LA SOCIÉTÉ EST AU CRÉDIT; et qui nous fait apparaître le Crédit dans ses conditions réelles : comme le fait complémentaire, produit par la société, se multipliant par elle-même, se coordonnant, et se constituant par la propriété.

La société se multipliant par elle-même, c'est la société se livrant au travail. Le Crédit ne peut être que l'acte de faciliter la durée de ce travail, par la possibilité de sa réalisation et de son renouvellement continu.

La réalisation et le renouvellement du travail veulent la possibilité de la vente dans ses conditions ordinaires, et de l'escompte dans les conditions de la vente des valeurs produites par la vente.

Ainsi l'*escompte*, effet et cause pour le travail, est une nécessité de vie pour le travail.

D'un autre côté, le travail est une nécessité de vie pour la *société*, et conséquemment pour la *propriété*.

Nécessairement alors l'existence de l'escompte, effet et cause pour le travail, est une nécessité de vie pour la *propriété*.

Mais il faut voir, en même temps, que la nécessité de rétablir l'escompte, la nécessité de le rendre possible dans des proportions encourageantes, est d'en assurer la stabilité.

Dans les circonstances actuelles, il n'y a qu'un moyen de satisfaire à toutes ces conditions.

Ce moyen est la création d'*un grand établissement de Crédit*, fondé par le concours des propriétaires.

Cet établissement, que je nommerai *Caisse d'escompte de l'Union*, aurait ses conditions propres , et fonctionnerait à l'aide de *la Banque de France* et simultanément avec elle.

L'examen des questions principales *du Crédit* démontrera d'une manière évidente la possibilité, l'opportunité et les avantages de cette fondation. Avant de terminer cette première partie de mon sujet, je dois prévenir les objections des esprits ombrageux. Je dis : Veillez ; mais sous cette enveloppe catholique, me dira-t-on, c'est du communiste que vous faites. Je réponds : Je fais mon devoir. Le passé est-il? Oui. Êtes-vous Dieu pour fixer l'avenir? Non. Donc, étudiez le passé, comprenez-le, et le mettez à profit pour mériter l'avenir.

A d'autres je dirai : Médecin consciencieux je vous dois la vérité..... Vous avez la gangrène au petit doigt, laissez-moi vous le couper tout de suite..., demain ce sera la main..., après demain le bras..... Le jour suivant, à moins que Dieu ne fasse un miracle, je ne pourrai plus rien pour vous. Mais comme les miracles sortent du cercle de ma science, je me borne à ce que je peux faire : le doigt, la main ou le bras....., à votre choix...

D'autres (et je crois qu'avec eux je pourrai m'entendre) diront : Encore un sacrifice à faire.

Eh! certainement, est-ce qu'il ne faut pas toujours en venir là? La République a eu besoin de 45/00 de supplément sur vos taxes directes..; vous les avez donnés, vous les donnez ou vous les donnerez. C'est bien à vous ; vous faites votre devoir et vous sauvegardez vos intérêts. C'est là du civisme ou de l'intelligence, et l'un ou l'autre de ces deux mérites est supérieur à l'acquittement passif que d'ailleurs vous ne pouviez pas décliner... Comptons!

1° Combien votre propriété vaut-elle de moins aujourd'hui? 25 p. 0/0.

2° Combien vaudra-t-elle de moins dans six mois, si la crise dure? 50 0/0.

Ne me dites pas que cela est sans portée pour vous, parce que vous garderez votre propriété. Je vous dis, moi, que cela vous touche. La propriété baissant de 25 0/0, les salaires baissent dans une proportion au moins égale, et le nombre des salariés dans une proportion presque double. Or, tout cela nécessitant des suppléments d'impôts, il est clair que la baisse que subit votre propriété ne peut vous être indifférente.

3° Enfin, dans un an, si la crise continue, pouvez-vous me dire *ce que vaudra votre propriété?*

Voilà ce que je vous demande à tous : Voulez-vous compromettre chacun de deux à quatre sous pour chaque 100 fr. de votre propriété? Pour ce minime sacrifice, qui peut-être ne sera pas nécessaire, je vous assure la valeur de votre propriété. Vous gagnerez donc dans la première hypothèse 24/80 0/0, dans la seconde 49/80 0/0, dans la troisième, je ne sais, car nous n'avons pas fixé de chiffre pour cette catégorie. Certes! voilà une bonne affaire, ou il n'en existe pas.

Je vous rends 99/80 0/0 de ce que vous aviez perdu; voilà pour vous. Aux autres, non-seulement je ne coupe pas le doigt malade, mais je rétablis, à un petit bout d'ongle près, le doigt qui leur manquait à la main. Enfin, à ceux qui voudraient me condamner comme communiste j'ai gagné, je le crois, le droit de faire cette réponse : Si un catholique est communiste, parce qu'il donne l'éveil et qu'il rappelle des devoirs, au moins est-il vrai que, moyennant qu'on l'écoute, son communisme ne sera jamais nuisible à la société.

Mais il ne suffit pas que vous fassiez bien pour l'honneur seul de faire le bien. De même que Dieu ne donne rien gratuitement, il ne demande rien gratuitement; au contraire, il veut que le bienfait soit toujours le placement qui rapporte le plus.

Et d'abord, en faisant seulement acte de confiance et de concours, nous arriverons à maintenir la valeur de la propriété.

Ensuite, lorsque nous aurons fondé la *Caisse d'escompte de l'Union*, nous verrons la propriété bénéficier doublement : — 1° de la plus-value qui suivra le retour de la confiance ; — 2° d'un revenu nouveau qui en augmentera encore la valeur.

Ainsi la propriété perdait 25 0/0, nous lui faisons retrouver cette perte, nous augmentons sa valeur de 25 0/0 par le rétablissement de la confiance qui réagira sur elle en proportion même de l'inquiétude passée, et nous lui donnons, à l'aide d'un revenu nouveau, une augmentation nouvelle que nous pouvons estimer à 10 0/0. Total : 60 0/0 d'amélioration sur la valeur actuelle de la propriété.

60 0/0 de différence, c'est-à dire 59/80 0/0 de gagnés par 100 fr., pour 0,20 c. de compromis. Voilà donc *quatre sous sauvant le Crédit de la France*. N'est-ce pas là mon texte : un clou pouvant sauver un cavalier ? Enfin, car il n'est rien de bien où Dieu ne se montre, ne voilà-t-il pas réalisée dans ces *quatre sous* la promesse de l'Évangile dans la *Parabole du verre d'eau !*

Je vais à présent démontrer que l'établissement

de Crédit que je propose est une nécessité, même indépendamment des circonstances actuelles; qu'il est basé sur les faits réguliers, usuels et pratiques du commerce; qu'il aura pour effet d'extirper des abus, et par conséquent de contribuer à la réalité et à la sécurité des affaires.

Enfin, qu'il sera pour le pays un principe fécond de prospérité intérieure et de prépondérance internationale.

A PROPOS OU HORS DE PROPOS. — Tout se mesure au budget; plus nous payons, plus nous sommes heureux et dévoués (*P.-L.-Courrier*). On ne saurait dire combien le budget influe sur la fortune publique (*Napoléon à Ste-Hélène*). Courrier grattant... des malices trouve la même idée que Napoléon (*gallus escam quærens, margaritam reperit*). — Mais cette idée! l'écrivain libéral la renverse; tandis que Napoléon, génie fondateur, l'assied. — Cette idée est vraie, car elle vient du peuple qui, avec son bon sens traditionnel, dit : *Rien n'est cher comme le bon marché*. Cette idée est le *progrès*. Elle doit féconder Budget, Crédit et Société, ou fatalement tout cela doit finir épuisé par L'ÉCONOMISME. — La société doit vouloir la *vérité*. L'économisme, *le philosophisme!* Erreurs et utopies! Sous des noms divers, c'est *l'orgueil* qui rêve la *science*, qui brave la défense et la chute, et qui démontre lui-même sa *vanité* en prophétisant, sans rire, le règne prochain *de la certitude et du progrès*; c'est-à-dire en *annonçant* qu'après avoir vu *toutes* choses, on verra beaucoup *d'autres* choses encore. La vérité est exclusivement dans la foi; là est le *progrès*, puisque là est la vie qui fait *tout de rien*. Exemple : *Le Crédit* devenu un tel capital que tous les produits visibles n'en représentent même pas l'intérêt. — *Fiat lux! To be, or not to be, That is the question* (*Shakspeare*).

CHAPITRE II.

Conditions organiques des Banques. — La Banque de France. — Son Insuffisance dans l'état ancien et actuel des affaires. — Influence de ses statuts sur les valeurs escomptables. — Nécessité, dans les intérêts même de la Banque de France, d'un nouvel Établissement d'Escompte, s'appuyant sur elle et constitué pour opérer dans les conditions que réclament les usages réguliers, habituels et généraux du commerce.

Fiat abundantia in turribus suis. (Ps.)

Une banque doit être une association d'individus unissant leurs capitaux pour faciliter, à l'aide de l'escompte des billets de commerce, le mouvement, les relations, par conséquent les progrès du commerce et de l'industrie.

Elle doit être constituée sur des bases qui soient en rapport avec les faits habituels du commerce. Par conséquent, sauf quelques dérogations jugées utiles au bien du commerce lui-même, elle doit, comme tout commerçant, être assujétie aux règles du droit commun. Ainsi une banque devra opérer avec prudence, avec sagesse, avec régularité, avec bonne foi, et réussir ; ou bien, comme tout commerçant imprudent ou léger, comme tout commerçant de mauvaise foi ou malheureux, elle sera passible de toutes les conséquences qui incombent au débiteur vis-à-vis du créancier.

Dans un état civilisé l'établissement d'une banque est la première des nécessités de son commerce ; elle rend cet immense service de régulariser la valeur de l'argent ; il faut donc qu'elle puisse fonctionner dans des proportions qui assurent son influence ; pour cela, que puissante déjà par ses moyens *réels et réalisés,* elle soit faite plus puissante encore à l'aide d'une force qu'il lui est permis *par privilége* d'emprunter à des moyens *réalisables* qui consistent dans le droit de donner comme argent des billets au porteur ayant cours, en d'autres termes de créer du *papier-monnaie,* jusqu'à concurrence d'un chiffre plus ou moins élevé. Une banque délivrant du *papier-monnaie.* Tout porteur de ce papier saura ou pourra savoir que ce papier est donné soit en échange de valeurs ayant des échéances fixes, soit sur dépôt de métaux précieux, soit autrement ; mais toujours contre la remise d'une valeur satisfaisante. Par conséquent,

que ce papier-monnaie sera à un temps donné réalisable, parce qu'il représente non pas une valeur que la banque promet, mais une valeur qu'elle possède et qu'elle sera tenue de représenter et de délivrer sur la remise de son papier-monnaie, conformément aux lois qui régissent le commerce.

Une banque étant une entreprise commerciale, elle doit pouvoir profiter des avantages que procure le commerce. — Le commerce étant l'échange, une Banque doit pouvoir faire l'échange des capitaux et du Crédit, prêter et emprunter à l'étranger ; — et comme les coutumes commerciales sont, à peu de chose près, uniformes dans tous les pays commerçants, il est clair que les échanges seront d'autant plus faciles pour une Banque, qu'elle sera plus commercialement constituée. — Il faut donc que l'immixtion de l'État ne soit pour elle que la protection de droit commun, autrement son Crédit se *nationalisant* trop, pourrait être laissé en dehors de l'échange pour lequel il serait moins maniable et moins recherché.

Ainsi le nom de *Banque de France* étant donné, si ce nom impliquait que la Banque relève dans ses obligations vis-à-vis de ses créanciers étrangers, non des lois ordinaires rappelées et appliquées par les huissiers et les juges qui en sont les interprètes et les agents ordinaires, mais seulement des décisions diplomatiques, la Banque pourrait bien avoir du Crédit et rendre des services ; mais elle n'aurait pas cette sorte de Crédit qu'elle doit rechercher comme banque, comme établissement commercial, quel que soit son nom ; car elle se priverait de tous les avantages que le commerce international lui assure.

Ainsi, deux faits de *Crédit international* ont eu lieu pendant le dernier règne : les deux prêts que se sont fait successivement les Banques de France et d'Angleterre. En cas de guerre, l'opération pendante eût dû suivre son cours, ou la nation débitrice qui serait intervenue hostilement dans une dette de *Crédit*, eût commis non-seulement un acte condamnable, MAIS UNE FAUTE CONTRE LE CRÉDIT.

Ce que je viens de dire étant vrai, j'ai le droit de conclure, et l'on doit comprendre :

Que la demande d'établir une Banque de l'État équivaudrait à la demande qu'il y eût une *banque qui ne fût point une banque.*

De plus, l'établissement d'*une banque de l'État* amènerait nécessairement *le commerce de l'État.* Le commerce de l'État, ce serait quelque chose comme l'autorité du pacha d'Égypte vendant ses cotons, ou d'un chef de nègres vendant ses hommes. Nous

cesserions alors d'être clients, commerçants ou bou-
tiquiers, pour devenir soit administrés, soit ad-
ministrateurs préposés aux distributions du sucre,
du vin ou de la chandelle ; mais, comme je suis
loin d'être édifié sur l'avantage de revenir à un
ordre de faits aussi primitif, ce n'est pas un établissement qui emprunterait de l'État souverain
une force souveraine, que nous devons fonder
pour faire cesser notre état de gêne ; mais tout
simplement un établissement recevant de l'État
le droit d'être, et de fonctionner dans les seules
conditions de société industrielle. C'est donc seulement le droit d'être dans les conditions de simple société industrielle que je demande pour *la
Caisse d'escompte de l'Union.*

La fondation d'une grande caisse d'escompte est
une nécessité. Tout en restant dans son ordre,
cette caisse devra fonctionner simultanément
avec la Banque de France. L'examen des opérations de notre grand établissement de Crédit va
le démontrer d'une manière irrécusable.

La Banque a été fondée avec un capital réalisé
de 67 millions, et autorisée à émettre jusqu'à
concurrence de 300 millions de billets au porteur, soit de *papier-monnaie* [1].

___

[1] Il paraît que les Gaulois, qui dans l'origine se ser-

Le papier-monnaie n'est pas de la fausse monnaie, n'en déplaise à M. Léon Faucher ; mais du papier hypothécaire serait du *faux papier-monnaie* comme les assignats.

Pour que du papier de circulation soit du papier-monnaie, il faut que, maintenu dans les limites de l'utilité, il représente non pas des chiffres à faire, mais des chiffres faits.

C'est la condition d'être du billet de banque circulant comme monnaie, et ce n'est que sur la

vaient de morceaux de cuir, comme signes représentatifs des objets de commerce, furent les premiers qui en transportèrent le prix au métal. (*Antony Béraud, Introduction à toutes les Histoires de France.*)

Ainsi le Crédit est un moyen nécessaire, naturel, primitif ; et nos pères en ont utilisé les précieuses ressources en mettant dans la circulation du *cuir-monnaie*, comme nous y mettons du *papier-monnaie*. D'où il résulte que le billet de banque n'est pas une invention, mais seulement une modification, ou si l'on veut une amélioration, un progrès.

M. Antony Béraud disant : « LES GAULOIS FURENT LES PREMIERS QUI TRANSPORTÈRENT AU MÉTAL LE PRIX REPRÉSENTATIF DES OBJETS DE COMMERCE, » et ne soulignant pas une phrase d'une pareille portée, fait preuve d'une rare modestie, et surtout d'une grande foi dans l'attention de la totalité de ses lecteurs ; car cette phrase, à elle seule, résume à peu près tous les faits du Crédit.

foi de tous que cette condition est remplie, qu'il circule.

Dans la situation financière de la Banque, telle qu'elle était avant le 24 février, elle aurait pu avoir presque continuellement dans son porte-feuille 250 millions d'effets de commerce, tout en se trouvant, pour faire face aux échanges, les 67 millions de son capital, et le montant de ses comptes courants. Ce qui eût fait en escomptes annuels, l'échéance moyenne des effets étant de cinquante jours (discours de M. Thiers), de 1,750,000,000 francs. Or, la Banque n'a jamais atteint ce chiffre; car, en 1847, nous trouvons une moyenne de seulement 161,000,000, qui, multipliés par 7 fois (au lieu de fois 7,30, que donne l'échéance de cinquante jours), ne donnent que 1,127,000,000.

D'un autre côté, si l'on se reporte aux cours des actions de la Banque, de 3,000 à 3,200 l'action de 1,000 fr., si l'on en déduit ce qu'il faut laisser aux fluctuations de la Bourse pour qu'une valeur se meuve, et ce qu'il faut retrancher de l'intérêt de 5 0/0 pour les capitalistes qui cherchent plus dans un placement la sécurité que l'élévation de l'intérêt, on arrive au chiffre de 3 1/3 0/0 sur 3,000, et c'est ce que produit l'es-compte moyen de 1,448,500,000, et qui à cinquante jours à 4 0/0 l'an donnent la somme de 7,900,000. Si l'on en déduit celle de 6,700,000, montant de 10 0/0 sur le capital de 67 millions, il reste pour les frais généraux 1,200,000. Il y a eu d'autres bénéfices nécessairement; mais ils n'ont pas été produits par l'escompte; car l'escompte n'a pas toujours atteint le chiffre de 1,127,000,000, et il n'a jamais dépassé celui de 1,750,000,000.

Ainsi la Banque ne faisait pas tout ce qu'elle pouvait faire, non faute de vouloir, mais faute de trouver des valeurs escomptables dans ses conditions. Il y a plus,... on peut dire que sur la masse de ses escomptes, il y avait en général :

1° 1/2 en beau papier.

2° 1/4 en bon papier, mais présenté non pas à l'échéance réelle convenue entre le vendeur et l'acheteur, mais souscrit provisoirement dans les délais voulus par les statuts et nécessitant un renouvellement.

3° 1/4 en papier ou sur les trois signatures, souvent deux et toujours au moins une, n'avait de valeur que comme contribuant à l'accomplissement des conditions statutaires, et la Banque elle-même n'a pas pu ne jamais le supposer. Néanmoins, comme il lui suffisait d'avoir une ou deux garanties solides, et que ses opérations roulaient toujours sur son assurance d'en avoir au moins une, la Banque n'a jamais fait que des pertes insignifiantes à chacune des grandes crises commerciales, même à celle de 1830; et malgré la chute récente de plusieurs de nos grands financiers, j'espère que la crise de 1848, qui dépasse toutes celles connues, ne lui sera pas plus onéreuse que les précédentes.

Lorsqu'en 1846, je crois, on demandait que la Banque complétât son capital, ce qui aurait ajouté à son encaisse, on demandait une chose inutile pour le service de l'escompte. La Bourse aurait eu de nouvelles cartes, mais il ne se serait pas présenté un bon billet de plus à trois mois, à escompter.

Mais si l'on eût dit : il faut escompter à quatre mois, augmenter le capital en numéraire de 100 millions et l'émission des billets de 400 millions; même si l'on eût dit : il faut escompter à six mois, augmenter le numéraire de 200 millions et l'émission des billets de 800 millions, il se fût trouvé de suite, pour l'une ou l'autre de ces opérations, plus d'actionnaires que l'on eût voulu, et les seules promesses eussent été négociées à 20 et 25 francs de prime, dès la première bourse.

Mais pourquoi la Banque eût-elle changé contre de la sollicitude un cours d'affaires habituel? Pourquoi ne pas laisser aux preneurs établis les avantages de leur clientèle? Eh! mon Dieu, pourquoi même donner au public, qui se fatiguait à porter de l'argent, le plaisir d'avoir dans son portefeuille un petit billet jaune, au lieu d'un kilo de métal qui déchirait ses poches? Pourquoi donc du nouveau? est-ce que tout n'allait pas bien depuis trente ans?

Il en a fallu faire du nouveau, cependant !

Aussi en a-t-on fait. 1° Avec un capital de 104 millions (non compris les valeurs mobilières qui sont de 4 millions), on a autorisé l'émission des billets jusqu'au chiffre de 452 millions.

2° On a dispensé la Banque de l'obligation de changer ses billets contre des espèces.

3° On a autorisé des émissions de billets de 100 fr.

De tout cela qu'est-il arrivé? C'est que le sens du public industriel est si droit, son intelligence du besoin du crédit est si nette, que la Banque, facilitée par une émission de billets nouveaux, par une émission de billets de 100 fr., par la dispense du paiement de ses billets en espèces, n'a rien perdu de son crédit... Avant les billets de 100 fr., on donnait jusqu'à 50 fr. pour changer un billet de 500 fr. Aussitôt l'apparition des billets de 100 fr., le change de 500 tombe à 5 fr. Enfin, aujourd'hui, tout changeur change pour

10 c. un billet de 100 fr., et pour 50 c. un billet de 500 fr. Et tout cela serait perdu! S'il en était ainsi, il faudrait désespérer de notre sens financier et industriel, comme il faudrait désespérer du bon sens d'un homme qui, tombé d'un troisième étage sans se blesser, s'obstinerait à demeurer gisant, de peur de ne pouvoir marcher, et qui, en dépit de toutes les assurances contraires, soutiendrait qu'il doit être perclus, et ne voudrait ni s'en aller, ni se lever.

Mais voici qui est plus fort ; qu'on l'explique !

La France est le pays qui a le plus résisté à la circulation des billets de banque, et les paysans surtout. (Discours de M. Léon Faucher.)

Aujourd'hui, le paysan livre blé et bétail contre des billets de banque!

Comment cela se fait-il? Lorsque le remboursement des billets de banque était forcé, le paysan n'en voulait pas; c'est peut-être parce que le remboursement a cessé d'en être forcé qu'il les accepte !

Et sous une forme paradoxale, cette réponse renferme toute la vérité nécessaire, parce qu'elle s'appuie sur ce principe que la raison reconnaît, que l'expérience affirme et qui demeurera l'éternel désespoir des philosophes : que chaque peuple a son rôle providentiel, et que notre rôle providentiel sur la terre est : *d'y être le peuple de la foi, de l'étonnant et de l'imprévu* [1] *!*

Le paysan reçoit le billet de banque ! Que me font des motifs qui ne sont que secondaires ? il accepte. C'est un grand fait pratique accompli et qu'il importe d'utiliser ; il satisfait aux conditions qui font la valeur du *Crédit*, car il vaut précisément parce que les conclusions qu'il faudrait déduire des incidents survenus s'y opposent, puisque c'est le paysan qui accepte *quand même*, c'est-à-dire qui accepte, parce qu'il *croit !*

[1] L'Archiconfrérie de la Vierge, qui compte déjà dans le monde 19 millions d'associés, a été fondée à PARIS, en 1834, à l'église des Petits-Pères, par le respectable M. Desgenettes ; et les registres de Paris portent les noms de plus de 700 mille associés, dont près de 400 mille hommes.

En juin dernier, plus de 40 mille sabres, épées et baïonnettes, et plus de 400 mille objets, chapelets, *agnus*, médailles, gravures et livres de messe, ont été présentés aux restes de la victime de propitiation de nos discordes.

Que serait-ce donc si le pape venait en France ! que de millions de pèlerins il y aurait sur les routes ! que de genoux que la boue marquerait d'une édifiante empreinte ! que de têtes l'on verrait se découvrir et s'incliner, et que de respects étudiés pour le monarque, qui s'échapperaient pour SE REFAIRE dans le cœur du prêtre !

Nous devons beaucoup à la République, pour avoir réalisé de suite un progrès qui est considérable, et qui, sans elle, eût encore résisté, peut-être, à dix années de théories et d'efforts.

Je me suis arrêté à l'occasion d'un fait d'apparence minime, parce que, convaincu, comme je le suis, que le retour de la prospérité est subordonné au retour du Crédit, et venant proposer un projet qui aura pour effet de *populariser le Crédit*, je dois attacher une certaine importance au fait : de l'*homme de la campagne croyant enfin au billet de banque!* puisque ce fait vient comme démonstration pratique; conséquemment, comme preuve suffisante que : *le Crédit est populairement possible.*

Mais quel que soit son bon vouloir, il n'est pas possible à la Banque de proportionner le Crédit aux besoins : *les besoins la dépassent.* Et si l'impulsion qui manque aux affaires doit être facilitée par le concours de la Banque, il faut que ce concours soit un aide donné par la Banque à une *fondation nouvelle.* Autrement, la Banque voulant agir seule, ne le pourrait probablement pas sans inconvénient pour son crédit, et ne le pourrait certainement que dans une mesure insuffisante et inefficace.

M. Thiers dit (10 octobre) : La Banque escompte lorsqu'il n'a plus que trois mois à courir, du papier qui avait *été fait à* 6, 9, 12 *et* 15 *mois.* Que d'explications dans ce peu de mots! Oui, 6 mois, 9, 12, 15 mois, voilà les affaires! Trois mois c'est le papier de ce qu'on appelle les hautes opérations; mais pour le commerce, en général, trois mois sont le papier *mûri ou approprié!*

Ainsi, la Banque ne prenant du papier que celui des couches supérieures, ne peut avoir de papier à cueillir que lorsque les couches moyennes et inférieures auront été refaites!

Ainsi, la condition nécessaire pour que la Banque ait des affaires en haut, c'est, qu'au préalable, elles existent en bas. Cela est rationnel; le fruit ne peut venir à un arbre, qu'autant que *cet arbre aura pris racine!*

Le Comptoir national d'escompte a été un progrès... 15 jours! Enfin, c'est 15 jours. Mais pourquoi encore cette différence de localités?... C'est rester en révolte contre le principe de l'unité. C'est toujours l'ancienne livre de douze onces de Marseille! Nous avons l'égalité devant la loi; nous allons avoir l'égalité devant la poste. Il nous faut l'égalité des départements devant l'escompte, et ce nouveau progrès, qui en définitive ne sera que chose juste, viendra comme secours utile : j'aurai l'occasion de le faire remarquer.

Mais le comptoir d'escompte est impuissant... Qu'est-ce que 20 millions? il a escompté, dit-on, 80 millions depuis février; il a fait là à peu près ce qu'eût fait une des grandes maisons que février a renversées. Comment l'a-t-il fait? par la banque, qui a mis en portefeuille son papier qui se trouvait ainsi avoir trois signatures, ou qui lui a ouvert un compte courant sur son portefeuille pour les besoins de ses escomptes : donc le comptoir d'escompte, progrès de peu d'importance, mais progrès néanmoins, n'est pas une force nouvelle. Or, c'est une force nouvelle qui soit *puissante*, qui manque, et *qu'il faut créer !*

Cette force doit féconder le travail en prenant les affaires dans leur ordre naturel, dans leurs habitudes, dans leur tradition. L'habitude et la tradition ne sont pas une concession de trois mois, mais de quatre à six mois de délai.

La Caisse d'escompte doit donc pouvoir prendre les effets du commerce de Paris et de toutes les places où il y a des établissements publics d'escompte aux termes de trois mois à six mois, et à deux signatures.

Mais, dira-t-on, au lieu de fonder un établissement nouveau, pourquoi ne pas tout simplement autoriser la Banque à escompter dans ces conditions?

Je réponds non. Si la Banque avait, suivant les besoins successifs de l'industrie, modifié ses conditions, une modification nouvelle n'arriverait que naturellement; mais puisque la Banque s'est renfermée dans ses conditions premières, il faut qu'elle y reste... Peut-on penser faire d'un coup ce que l'on aurait dû commencer depuis vingt ans? on pourrait peut-être réussir... La hardiesse et la décision ont aussi leur valeur et leur *crédit*; mais je *crois* que l'on ne doit pas l'entreprendre.

D'ailleurs, l'apport d'une force nouvelle doit rationnellement et nécessairement précéder toute recherche de résultats nouveaux, et la Banque elle-même ne saurait se soustraire à cette condition, qui est la plus simple de toutes celles qui touchent au Crédit.

La Banque... puissance constituée... gardant son libre arbitre pour juger dans quelle mesure elle doit, tout en restant dans ses habitudes *connues* de circonspection et de prudence, appuyer un établissement nouveau à l'aide de forces mises à sa disposition, et dont l'emploi, *même imprudent, ne lui causerait à elle aucune perte.* La Banque communique quelque chose de sa puissance propre à l'établissement qui doit fonctionner simultanément avec elle, et de cette communication elle reçoit une nouvelle force pour elle-même ; parce qu'au contraire des choses positives ou naturelles, qui s'usent ou se diminuent par l'usage ou l'emploi, *le Crédit, force surnaturelle,* s'accroît et se fortifie à mesure qu'il se donne, se communique et se propage.

Il ne faut pas modifier la Banque. Ici *modifier* doit avoir son sens, il ne peut pas signifier qu'il ne faut rien faire, puisque tout ce que je dis prouve qu'il faut que l'on fasse quelque chose.

Il ne faut rien faire pour la transformer ; mais, pour ses intérêts qui sont liés à ceux du commerce, il faut qu'elle puisse communiquer au commerce une force nouvelle qu'il réclame, à l'aide d'une force nouvelle qu'elle recevra.

Que l'on ne dise pas que cela n'est pas possible. La Banque, qui est assez forte pour résister au mal (ainsi dans l'ordre d'idées de l'infranchissable perfection du *statu quo*, ce serait un mal que la dispense de l'échange et que le droit d'émission de 200 millions accordé en février), doit être, ce me semble, au moins assez forte pour résister au bien ; pourquoi donc alors s'alarmerait-on pour elle de la puissance que je veux lui donner ?

A des craintes chimériques d'un monopole auquel je ne crois pas, et que mon projet rend impossible, j'opposerai ces motifs réels de confiance et d'abandon pris dans l'ordre le plus élevé et le plus nécessaire : c'est que la Banque a écrit ses droits au respect dans la morale publique. En effet, s'il est vrai que la société ne puisse se maintenir qu'autant que la morale en sera la base et le ciment, et si l'on veut seulement réfléchir sur tout ce que ce mot : *honnête comme un garçon de la Banque*, a dû produire d'utilité supérieure avant d'avoir obtenu les honneurs de la popularité, et sur ce qu'il est destiné à en produire, on doit reconnaître qu'il est dans l'intérêt de la société, et qu'il est de son devoir d'accroître les moyens d'action de la Banque; puisqu'en la mettant à même de faire plus d'escomptes, la société la met à même de faire plus de bien.

Dans mon projet, la Banque prend les valeurs de la *Caisse d'escompte de l'Union*; mais la Banque garde son libre arbitre, et, tout en gardant son libre arbitre, elle ne compromet rien.

Et voici les résultats que ce projet assure :

1° La Banque, tout en ne *compromettant rien* par l'appui qu'elle donnera à sa *Caisse d'escompte de l'Union*, rendra le mouvement aux transactions; en même temps elle rouvrira les sources qui doivent fournir aux besoins de son portefeuille, et en attendant que ses bénéfices propres viennent doubler ses avantages, elle pourra réaliser pour ses actionnaires, dans ses seuls profits avec la *Caisse d'escompte de l'Union,* des dividendes égaux, et supérieurs peut-être à ceux des meilleures années.

2° Les grandes difficultés sont les premières; ces difficultés vaincues, la Banque verra avant peu reparaître des valeurs pour son portefeuille; elles se présenteront plus réelles qu'auparavant, parce que la *Caisse d'escompte de l'Union* contribuera nécessairement à leur réalité; elles se présenteront plus nombreuses aussi, parce que l'activité nouvelle imprimée aux affaires par l'établissement de la *Caisse d'escompte de l'Union,* atteindra nécessairement les opérations supérieures.

3° Comme en fondant la *Caisse d'escompte de l'Union* nous aurons donné aux affaires une base solide et réelle, nous aurons une confiance libre : or, posée sur une base réelle et large, *une confiance libre* (ce mot s'expliquera) devra nécessairement produire assez de valeurs pour que, Banque de France, Caisse de l'Union, et avec elles, ou en même temps qu'elles, Comptoirs fondés et à fonder, banquiers, etc., trouvent tous, chacun dans sa sphère propre, un abondant et profitable emploi de ses capitaux et de son Crédit.

Qu'il me soit permis de me servir ici d'une comparaison prise dans un fait qui se rapporte à l'une de nos modernes industries.

Se souvient-on du mécontentement des entrepreneurs de voitures à la première vue d'un omnibus?... Moins de trois ans après, voici ce qui avait lieu... les numéros des voitures de place étaient montés de 4,000 fr. chaque à 10,000 fr. Ce sont les omnibus qui, *au grand avantage du public,* ont fait la fortune des voitures de place et de remise. C'est absolument le même service que rendra la *Caisse d'escompte de l'Union; au grand avantage du commerce,* elle maintiendra d'abord, puis elle doublera et triplera plus tard la fortune de la Banque et le Crédit.

CHAPITRE III.

Bases principales du nouvel Établissement de Crédit à fonder. — Sa nécessité. — Ses avantages. — Ses effets. — Appréciation de divers faits pratiques : *les Conditions de Vente, le Numéraire, le Billet de Banque*, etc. — La Publicité utilisée comme moyen de garantie. — *Prix Montyon industriels*. — Le Change de place aboli, etc., etc., etc.

> Quand la France est au plus bas, c'est le moment où elle va s'élever au plus haut. Plongez-la dans l'abîme, elle remontera jusqu'au ciel.   (*Paroles du cardinal de Richelieu.*)

En finances comme en stratégie, il n'y a qu'un moyen de défense qui soit efficace,... c'est l'attaque [1]. Il n'y a jamais de bonnes victoires que

[1] J'ai lu dans un journal du 23 novembre les paroles suivantes, prononcées à l'une des séances du club Montesquieu : « Il faut toujours aller en avant ; des Constituants

celles que l'on remporte au-delà des frontières,
et tout général qui, après une retraite, quelque
habile qu'elle soit, ne réunit pas assez de forces
pour pouvoir, non pas balancer ni même vaincre,

« aux Feuillants, des Feuillants aux Girondins, des Giron-
« dins à Danton, de Danton à Robespierre! »

Quel que soit le jugement que l'on porte sur de telles
paroles, on leur doit cette justice qu'elles sont franches,
nettes et rationnelles. Oui! dans le bien comme dans le
mal, si l'on n'avance pas, on recule nécessairement; parce
qu'il faut que l'on marche, l'immobilité n'ayant de durée
possible pour toute chose qui a vie, que juste l'instant qui
en précède la décomposition et la fin.

Mais (de nos jours Virgile appellerait *mais* le grec *Sinon*), mais, nous dit-on, pourquoi marcher? Tournons!
avec l'habileté, cela suffira.

C'est vrai! L'habileté, science moderne qui s'est glissée
parmi nous grâce à nos désirs d'illusion et d'indolence, l'habileté nous domine aujourd'hui, et elle nous possède par le
besoin que nous avons de ses conseils, pour pouvoir nous
servir utilement de cet art précieux que nous tenons
d'elle : *l'art de l'agitation sur place.* Cet art, récréation
commode, mouvement factice et productif, nous est de
plus un secours de nécessité et d'à-propos.

En effet, l'habileté ou la foi ! il n'y a que cela.

Mais la foi nous inquiéterait par ses impatiences, et
comme il nous faudrait travailler pour la suivre ou pour
la comprendre, l'assouplir et la modérer, à tous les

mais écraser l'ennemi, ne doit pas se représen-
senter; car il serait battu.

Le Crédit est à terre; si, comme Antée, il ne
se relève pas plus puissant que jamais, qu'il y
reste et qu'on attende..... si l'on peut !

Rien qui ressemble à des expédients! Un élan
vigoureux, une irrésistible impulsion ou rien!
Pour commencer, je ne m'adresse pas au numéraire. Au moment actuel, une semblable demande

avantages qu'elle assure, nous préférons LA TRANQUILLITÉ.

Cette tranquillité est léthargique! Soit; mais elle est LA
TRANQUILLITÉ. *Otium vile, sed otium!*

Fort heureusement tout le monde (et probablement l'o-
rateur du club Montesquieu) n'accepte pas que la société
doive ainsi dresser l'*actif* de son bilan moral.

AVOIR : 1° moyen de conservation : l'*inertie.*

2° moyen d'activité : *la pirouette philosophique.*

3° moyen de progrès : l'économie des nuances,
l'équilibre, la pondération, les à-peu-près,
c'est-à-dire *le doute.*

SOLDE : 4° moyen de discussion : des finesses à l'usage de
*Bridoison*s plaidant des *et*, des *ou* et des *ta-
ches d'encre* (Mariage de Figaro).

Comme je n'accorde pas pour ma part que nous soyons
réduits à une aussi déplorable extrémité, je n'ai garde de
rien demander à l'habileté pour le projet financier que
je propose. D'ailleurs, pourquoi m'adresserais-je à l'habileté ? je ne peux pas y croire, puisque je crois. §

pourrait n'apparaître que comme inopportune ; on va voir qu'elle est inutile.

La propriété vaut 68 milliards.

Je propose qu'il soit formé une banque provisoire, sous le nom de Caisse d'escompte de l'Union (Tableau n° 3).

D'abord au capital de 600 millions garantis par des propriétaires avec des hypothèques offertes par eux jusqu'à concurrence du tiers, de moitié ou du quart de leurs propriétés. Par conséquent jusqu'à concurrence de ce qui sera libre de ces moitiés, tiers ou quarts, en prenant pour évaluation les fermes, baux, revenus ou valeurs avant le 24 février.

La Banque serait autorisée à émettre, jusqu'à concurrence de 600 millions, de nouveaux billets, qui seraient exclusivement affectés au service des escomptes de la Caisse de l'Union.

La Caisse d'escompte de l'Union ne pourrait faire d'autres opérations que celles relatives à l'escompte des effets de commerce ; elle n'ouvrirait pas de comptes-courants ; elle ne pourrait accepter aucun dépôt ni de fonds publics, ni de métaux précieux.

La Caisse d'escompte de l'Union, fondée provisoirement pour rétablir la confiance et rendre la vie au commerce, ne s'occupe que secondairement des bénéfices à provenir de ses opérations, qui devront cesser dès la fondation de la Caisse définitive, et qui, en cas de non-fondation de cette Caisse définitive, pourront ou devront être continuées au moins deux ans.

Les bénéfices bruts, comprenant les produits de l'escompte aux taux établis de 5 et 6 p. o/o [1]

[1] En portant l'intérêt aux taux de 5 et 6 p. 100 l'an, je ne fais que me conformer aux habitudes du commerce. Je ne pose pas un principe de quotité ; mais si je désire que le commerce puisse obtenir une diminution sur le loyer des capitaux, je n'accepte rien de cette illusion : *que la justice sera* lorsque le capital sera fourni sans intérêts.

Pour moi, tout acte de violence exercé contre le capital dans ses rapports avec l'intérêt est un acte de spoliation ou de confiscation, parce que l'intérêt est un fait absolument légitime, comme le budget.

Plus d'intérêt ! plus d'intérêts ! (je regrette ici l'apparence d'un jeu de mots, mais le rapprochement que je fais est utile) plus d'intérêts ! plus d'État, plus de civilisation, plus rien !

Le peuple, dont tous les mots instinctifs et purement traditionnels rappellent toujours le bon sens, qui est le produit de l'union intime de la raison humaine et de la vérité révélée, le peuple dit : *Le prêtre vit de l'autel !* et par cette formule qui rappelle toute la civilisation chrétienne, le peuple confesse avec une irréfutable simplicité, que Dieu, en rivant le travail à la religion, a *surhumanisé* le travail,

par an, tous frais déduits (laissant à part le prélèvement de 2 p. o/o dont il sera fait un emploi spécial, s'il y a lieu), seront ainsi répartis. (Voir les tableaux n°s 3 et 4.)

1° 1/6° PRÉLEVÉ SUR LA TOTALITÉ DES BÉNÉFICES, à répartir entre les signataires des effets escomptés, qui, dans tout le cours de l'année, n'auront laissé en souffrance aucune de leurs valeurs passées à la *Caisse d'escompte de l'Union*.

2° SUR LE RESTE DES BÉNÉFICES, 1/4 à la Banque de France.

3° LA SOLDE DES BÉNÉFICES, 3/4 au profit des fondateurs de la société provisoire, abandonnés par eux au profit du fonds de réserve de la société définitive, si elle se fonde ; mais pour leur être distribués si la société définitive ne se fonde pas.

---

et que par là il a affermi la société humaine, puisqu'il a ainsi légitimé et consacré *ce grand fait quotidien*, qui en est le lien pratique, qui, sous toutes les formes possibles, est le même, et qui, pour une messe comme pour une journée de travail, pour le loyer d'un capital ou d'un champ, pour le budget qui est le prix de la protection de l'État, enfin, pour un service quelconque, ne saurait être bien nommé que par ce mot : LE SALAIRE.

4⁰ PRÉLÈVEMENT DE 2 p. o/o , si les pertes ou remboursements dépassent les 2 p. o/o prévus; ces pertes ou remboursements seront ajoutés aux frais généraux. Si les remboursements n'atteignent pas les 2 p. o/o prévus, l'excédant sera ajouté au 1/6ᵉ des bénéfices bruts et distribué aux escomptés n'ayant rien laissé en souffrance, au prorata du chiffre de leurs obligations acceptées par la Caisse.

Après la Caisse provisoire, doit venir la Caisse définitive à fonder au capital de 1200 millions (tableau n° 4), qui seront fournis de la manière suivante :

600 millions garantis par les propriétaires fondateurs de la Caisse provisoire.

300 millions versés par des actionnaires.

300 millions en crédit ouvert par la Banque.

Dans cette opération, la Banque devra émettre jusqu'à la concurrence de 900 millions de ses billets pour le service exclusif des escomptes de la *Caisse de l'Union*.

La société provisoire devra liquider les déficits, s'il en existe, provenant de ses opérations.

La société définitive prenant la suite de la société provisoire , la Banque ne devra émettre de nouveaux billets que jusqu'à concurrence nécessaire pour compléter le fonds-roulement de 1200 millions, l'émission faite pour la société provisoire entrant naturellement dans le chiffre à émettre. (Tab. n° 4.)

La société provisoire étant :

600 millions escomptant des effets de 100 à 180 jours, moyenne 140 jours, peuvent, mis en mouvement 2 fois 1/2, suffire à une somme d'escomptes annuels de 1,500,000,000 de francs, et produire à la banque un Bénéfice de 8,093,000 fr.

La société définitive étant fondée,

1200 millions mis en mouvement 2 fois 1/2 escompteraient 3 milliards.

Et les bénéfices seraient ainsi partagés après déduction de 1/6ᵉ prélevé sur le chiffre brut au profit des escomptes réguliers.

37 1/2 p. o/o aux propriétaires fondateurs garants de 600 millions.

37 1/2 p. o/o aux actionnaires qui auraient droit en outre à 3 p. o/o d'intérêt sur leur capital.

25 p. o/o à la Banque de France.

Ce quart produirait à la Banque 11,846,583 fr.

Chaque souscription de garantie de 2,000 fr. donnerait 57 fr. 54 c.

Chaque souscription en numéraire de 1,000 fr. donnerait 57 fr. 54 c., plus 3 p. o/o d'intérêt.

La société provisoire ne doit pas entrer en fonctions avant le parfait complément des 600 millions de souscriptions.

Puisqu'il est fait appel au pays, il ne faut avoir à enregistrer qu'une réponse digne de lui.

J'aime mieux, pour le Crédit de la France, que l'on dise qu'elle n'a pas voulu souscrire 600 millions, que si l'on disait qu'elle n'a pu souscrire que 300 millions, et qu'il a fallu s'en contenter.

D'ailleurs, dans ce qui est demandé, rien n'est de trop; tout ne suffit pas, et moins serait inefficace. *Le chiffre des escomptes est-il trop fort?* Supposons que la première année le mouvement de la Caisse d'escompte fasse arriver à la Banque (car les escomptes de la Banque ne recommenceront qu'à cette condition) 500 millions..., il y a 1,500 millions de la caisse, en tout deux milliards... La seconde année, que la Banque fasse un milliard, et la caisse 3 milliards, cela fait 4 milliards. Nous sommes à peine au quart des besoins à remplir.

A quoi bon! la confiance suffira sans rien de ce que vous proposez. C'est répondre à la question par la question. Autant vaudrait dire : Ne vous mettez pas en peine, on vous offrira tout lorsque vous n'aurez besoin de rien; la confiance n'est pas..... Peut-elle être? Oui ; il s'agit d'aviser au moyen de l'établir....., La confiance de l'argent manque; mais celle du marchand qui vendrait, s'il pouvait escompter..., serait-elle, si *l'escompte était?* Oui. La peur se communique, mais la confiance se communique aussi. *Le premier billet souscrit dans les conditions normales étant escompté,* dix billets seront offerts; après dix, cent... mille... cent mille... N'est-ce pas là un des effets possibles de la confiance? N'est-ce pas là *un effet infaillible?* Que le mouvement entraîne la confiance, puisque la confiance ne veut ni précéder ni commander le mouvement.

N'avons-nous pas les banquiers, les escompteurs, les capitalistes? Combien suppose-t-on qu'il y ait aujourd'hui de banquiers, de capitalistes ou d'escompteurs ayant des capitaux à employer à l'escompte? Combien, de ceux qui en ont, qui osent ou qui veuillent *les utiliser?* Ils attendent que les affaires aient repris leur cours régulier. — Soit. Mais pense-t-on que le commerçant n'ait rien retenu des inconvénients de sa situation antérieure, et qu'il suffise aujourd'hui des offres des escompteurs pour l'engager à reprendre ses affaires? Non. Ni les escompteurs, ni les banquiers ne lui rendront la confiance dont il a besoin; il faut pour cela qu'il voie devant lui une assurance contre le retour de ses embarras passés. Or, il n'y a d'assurance de cette sorte possible que dans la fondation d'une caisse d'escompte, qui, vivant dans la sphère même du commerce, viendra dégager le commerçant de la nécessité *de dénaturer* ses valeurs et le débarrasser de la plus inquiétante de ses préoccupations : celle d'avoir *à se retourner à moitié route*; ce qui ajoute à ses chances comme vendeur et acheteur, celles de signatures multiples qui le dérangent et le compromettent.

Pour moi je trouve qu'il y aura pour le commerce un avantage tellement vital à devenir libre de toutes *ces obligations parasites*, que, quelque grands que soient les désastres occasionnés par les dérangements survenus ou mis à découvert à la suite de la révolution de février, s'ils font comprendre la nécessité de la fondation que je propose... *ces désastres devront être considérés comme un bonheur public, et le commerce devra les bénir.*

N'y a-t-il pas aussi ces chances de refus subits et imprévus qui bouleversent toutes les prévisions et tous les travaux d'une échéance? Ces chances cesseront d'inquiéter le commerce; car elles seront moins possibles lorsqu'il y aura la concurrence d'un grand établissement d'escompte qui, tout en restant le libre dispensateur de son Crédit, ne devra pas, à cause de son importance et de sa nature, trouver dans son droit d'être sévère et attentif, celui de cesser d'être juste et paternel.

Il ne s'agit pas ici de donner. — J'aime mieux pour le pays le fait d'une caisse d'escompte prenant pour 100 millions des valeurs du commerce que je n'aimerais la distribution gratuite de deux milliards ! Mais il faut réfléchir gravement avant de décider, dans les circonstances où nous sommes, qu'il n'y a rien à faire... qu'il faut attendre..... que l'argent reparaîtra quand il devra reparaître ! Je dis, moi : Savez-vous quand il reparaîtra? c'est du jour même où il verra que l'on avise aux moyens de le laisser se cacher..... — Propriétaires, industriels, banquiers avec soixante-huit milliards de propriétés..., avec je ne sais combien de milliards de meubles et de marchandises, voulez-vous que deux milliards de numéraire vous servent toujours, faites qu'ils ne vous dominent jamais !

On dit : La moyenne des escomptes est de cinquante jours à la Banque.... Il ne faut pas s'engager dans des opérations différées (M. Thiers, 10 octobre). Est-ce ici au point de vue philosophique un principe à établir?... Alors nous allons aller aux conséquences, et je prouverai que 40 jours valent mieux que 50..., 20 que 40..., enfin, allant à l'extrême, que le mieux, pour une banque, serait de ne pas faire de banque!

Qu'est-ce qu'une opération différée? Il y en a qui à deux heures sont longues, il y en a qui à deux ans sont courtes.

Ainsi, un fabricant vend à un commissionnaire à six mois. Le commissionnaire vend à un exporteur à un an. S'il y avait une banque prenant à six mois, l'opération serait simple. A six mois le commissionnaire donnerait à l'escompte le billet de son exporteur, qui n'aurait plus que six mois. Mais la Banque, seul grand preneur régulier, ne prenant qu'à trois mois, l'exporteur s'en va laissant double ou triple valeur à son commissionnaire, et voilà une affaire compliquée!... En tout, lequel vaut mieux? n'est-ce pas le simple? Lequel est le plus sûr? n'est-ce pas le simple? Eh bien! le simple n'est pas possible. Aussi qu'arrive-t-il? au lieu d'affaires nettes qu'il y aurait à liquider dans une crise, il y a des enchevêtrements qui les compliquent, des chances doubles et triples qui les chargent, des faits qui les rendent délicates, enfin ce n'est jamais une seule affaire, c'est toujours deux, trois ou quatre qu'il faut éclaircir et dépouiller à la fois.

Je ne connais de règles de temps en affaires

que celles de la tradition, c'est-à-dire les usages.
Suivant ces usages, certaines opérations, que
j'appelle les affaires supérieures, se traitent à des
délais qui varient de 20 à 90 jours : c'est peut-
être le dixième de la totalité des affaires... Les
affaires courantes qui forment la grande masse se
traitent de quatre à six mois... Viennent les affaires d'exportation et de vins fins qui se traitent
à des délais qui varient de neuf mois à deux ans.
Ces dernières peuvent être évaluées aux trois
dixièmes. »

Ainsi, sauf les opérations supérieures, plus des
neuf dixièmes des transactions sont en dehors des
facilités offertes par la Banque; et l'on ne pense-
rait pas à donner aux neuf dixièmes des opérations
commerciales un moyen régulier de se mouvoir
et de se renouveler!

Nous sommes un pays essentiellement industriel (même discours), mais où la propriété est
tellement recherchée que l'on s'y contente d'un
revenu de 2 1/2 0/0. (Ceci prouve déjà une chose :
que dans un pays semblable, la propriété peut
être offerte et acceptée comme une irrécusable
garantie.) Mais, quelque minimes que soient les
revenus, encore faut-il les recevoir, et comme la
propriété se ressent de l'état de souffrance du
commerce, il n'y a rien qui ne puisse être re-

gardé comme rationnel dans l'offre que feraient des propriétaires d'exposer une année de revenus pour sortir d'une gêne, dont la prolongation pourrait compromettre, non pas seulement l'économie, mais la valeur même de leur fortune.

Le numéraire étant l'une des bases habituelles des entreprises de crédit, je vais en examiner la nature ; son importance même fera comprendre son utilité et ses faits.

Par ce mot *numéraire*, on désigne exclusivement les métaux précieux qui, frappés ou laissés à l'état de lingots, figurent dans l'ensemble de la circulation.

Ainsi, on ne comprend pas dans le chiffre du numéraire ce qui existe dans la circulation, de métaux usuels et communs convertis en monnaie. Cette sorte de monnaie s'appelle *billion*.

Le billion n'est pas une valeur réelle, mais il est accrédité par l'habitude, et il mérite de l'être pour deux motifs très-importants. Il répand partout le principe de la circulation, ce qui en fait un auxiliaire utile des métaux précieux, et il rend l'immense service de fournir les appoints, qui sont une nécessité pour pouvoir conclure, solder et parfaire les transactions.

J'ai dit que *Dieu* se montre dans tout ce qui nous est utile ; le numéraire nous fera découvrir de nouvelles preuve de cette vérité, que nous avons déjà reconnue. Inférieur au Crédit autant que la matière est inférieure à l'intelligence, le numéraire atteint cependant plus haut que le Crédit dans la sphère divine. Le *Crédit*, par des voies humaines, n'indique, ne rappelle qu'un enseignement : *la foi*. Le *numéraire*, objet inerte, indique, enseigne, prouve et rappelle matériellement un attribut : *l'unité* [1].

Le numéraire, souvenir visible de l'*unité* et moyen matériel d'*unité*, est ce qui régularise la circulation ; car c'est ce qui donne le niveau

---

[1] J'assistais un jour à la lecture de quelques fragments d'un traité de philosophie de M. Chambart. Entre autres aperçus remarquables, un surtout attira particulièrement mon attention, celui-ci : L'unité arrive nécessairement comme base dans les sciences exactes, par conséquent comme preuve que même dans les sciences exactes Dieu ne peut pas être mis de côté.

C'est au souvenir qui m'est revenu de cette idée, que je dois d'avoir reconnu dans le numéraire une preuve tangible de l'unité.

J'ai cru devoir faire cette déclaration. Pauvre, je restitue même à un riche, et en cela je suis probablement habile, parce que si mon travail ne vaut rien d'ailleurs, il vaudra toujours pour le fait d'un respect payé à la propriété.

commun, à l'aide duquel on peut mesurer tout ce qui se produit, se fabrique, se consomme, se vend, s'achète et se promet quoditiennement dans toutes les contrées civilisées.

En effet, une base *conventionnelle* étant et pouvant être donnée sans atteinte aucune à la liberté ni même aux habitudes des peuples ; que le numéraire reste lingot, n'importe où, franc à Paris, livre à Londres, ducat à Naples, schilling à Hambourg, piastre en Espagne et dans le Nouveau-Monde, bourse en Turquie, etc., c'est le numéraire ! Et à l'aide de formules universellement appréciables et appréciées, on détermine les prix en faisant connaître à tous le nombre exact des *unités* que représente la valeur de chacune des choses destinées ou livrées à la circulation.

Ainsi l'unité, principe et fin dans l'ordre supérieur, est posée comme nécessité absolue dans tous les faits de l'humanité ; elle y est le mot unique, simple et rigoureux, qui fait l'ordre dans les intelligences ; et c'est elle qui, sous le nom de *numéraire*, produit le jour sans lequel tous les travaux, tous les efforts de l'humanité ne seraient que les tressaillements convulsifs d'une barbarie impuissante, ou le chaos.

Les métaux précieux rendent donc ce service

au corps social : ils en régularisent les pulsations; mais ce service n'est pas le seul; ils sont aussi puissance d'excitation et signe de respect, c'est-à-dire élément d'activité et de conservation tout ensemble.

Et tout cela est ; car si l'on observe la nature des métaux précieux, leur privilége d'être rares et de posséder à un incomparable degré les qualités de l'éclat et de l'inaltérabilité, et en même temps leur inutilité complète pour les nécessités premières de la vie usuelle, on ne peut leur attribuer qu'une destinée d'influence supérieure parmi tous les autres éléments du mouvement social. S'il en était autrement, QUE SERAIENT-ILS? POURQUOI SERAIENT-ILS?

Certes, je ne diminue pas ici l'importance des métaux précieux; je n'hésite pas à être juste à leur égard; mais la justice n'implique pas, au contraire, elle exclut le fétichisme.

Je les juge, je les considère, je les apprécie, même je les respecte; mais je ne les adore pas. Ils sont *matière*, et si l'homme doit reconnaître, il doit aussi limiter leur influence. En définitive, ils sont moins que le pain dans la vie. Or, dans la vie, le pain lui-même n'est pas tout. (*Non solum pane vivit homo.*)

Voici, du reste, deux phénomènes auxquels

donnent lieu les métaux précieux, et qui me semblent éclairer d'un grand jour la question du *Crédit.*

1° Les métaux précieux sont rares surtout dans les pays d'où ils viennent. Ce fait prouve ce que je viens d'indiquer. Ces pays étant ignorants ou arriérés, les métaux s'en éloignent, et ils vont porter leur valeur d'*unité* et de luxe là où la civilisation appelle cette valeur et l'utilise. C'est la matière recherchant et acceptant la supériorité de l'intelligence et du travail.

2° Leur extraction n'est pas en rapport avec l'accroissement de la circulation; ils devraient donc valoir d'autant plus que la circulation est plus animée. C'est le contraire. Leur valeur suit une progression descendante, par rapport au mouvement social, et s'il arrive que leur valeur monte, c'est lorsque le mouvement social baisse et se ralentit.

La conséquence à tirer philosophiquement de ce dernier phénomène pourrait être celle-ci : L'unité est; elle ne peut pas ne plus être; il faut donc chasser de la circulation les métaux précieux, puisque leur valeur est le thermomètre de la misère... Mais comme les faits usuels empruntent de l'habitude une force d'utilité qu'il serait imprudent de compromettre sur les seules assurances de l'infaillibilité philosophique, je n'accepte pas qu'il faille chasser les métaux précieux de la circulation.

L'utilité de leur concours étant admise, peut-on déterminer d'une manière précise la proportion dans laquelle ils doivent figurer dans la circulation? Je prétends qu'il n'est pas possible de déterminer cette proportion, et que l'on ne peut donner sur cet objet que des à-peu-près de solution, c'est-à-dire que des solutions qui n'en sont pas.

Mais, l'utilité des métaux étant admise, puisque leur nécessité est contestable, et que leur proportion dans la circulation est impossible à déterminer, — il est fort étonnant qu'on nous dise de ne pas nous inquiéter de l'absence du numéraire ; que son retour aura lieu aussitôt qu'il nous aura convenu de perdre seulement quelques milliards sur la valeur de nos marchandises (notez qu'il y a en tout un peu plus de deux milliards de numéraire en France); en d'autres termes, de nous préparer à fêter le retour de l'or, comme dans les Indes on fête le passage de l'éléphant blanc... en lui donnant des malheureux à écraser! Cela est peut-être suprêmement philosophique ; mais comme ce n'est pas humain, pour cette raison seule, cela ne peut pas être le vrai.

Je repousse toute idée d'expulsion, et même toute idée de dépréciation du numéraire; mais c'est avec bien plus de raison encore que, dans notre intérêt et dans l'intérêt du numéraire, je repousse la nécessité, même l'utilité d'un odieux sacrifice, parce que je ne veux pas que l'on puisse maudire, comme un germe permanent de désastres, un élément qu'il faut seulement connaître et apprécier, et savoir faciliter à propos, pour pouvoir l'utiliser à son heure, comme moyen supérieurement fécond. Je crois avoir suffisamment défini la question du numéraire, et j'arrive à ce qui importe. Le moment actuel est, et il commande; il faut alors étudier les faits actuels, s'en pénétrer exclusivement, et y introduire, de ce qui est nécessaire, tout ce qui sera possible pour sauver et maintenir le présent et assurer l'avenir. Mon projet va plus loin : il fait que tout ce qui est nécessaire et même utile est possible.

Je dégage le numéraire, je le fais libre, mais je ne l'attends pas.

Il faut que l'on se meuve, parce que déjà l'engourdissement gagne, et qu'une plus longue immobilité amènerait infailliblement notre ruine et celle du numéraire en même temps.

Or, le mouvement sera, si l'on crée dans ce moment un principe de continuité régulière aux neuf-dixièmes des opérations régulières du commerce.

De suite le mouvement, c'est-à-dire la vie, oui ou non !

Oui ou non ! sans nous épuiser à l'occasion du numéraire dans des préoccupations aujourd'hui inutiles, inopportunes et dangereuses.

Mais *oui ou non !* suivant qu'un examen attentif des faits les plus importants qui sont communs au Commerce et au Crédit, aura démontré que la fondation que je propose et que tous les intérêts appellent, satisfait dans une juste mesure aux conditions nécessaires de convenance et de sécurité.

Que valons-nous commercialement? Notre situation commerciale est dans les meilleures conditions pour une banque, car nous nous présentons éprouvés et connus.

Que vaudront les 600 millions de billets de banque à émettre? On parle de 400 millions de billets de banque à créer pour les besoins du trésor. En le faisant, on émettrait, sous le nom de billets de banque, 400 millions d'assignats; nous, au contraire, par l'*utilisation* de 600 millions de billets de banque affectés à l'escompte des valeurs du commerce, nous aurons créé 600 millions de véritable *papier-monnaie* de ces 600 millions de billets de banque, et nous aurons donné à ces valeurs, délivrées contre remises d'effets de commerce, un titre irrécusable, en affectant à leur garantie un gage dont la possession est recherchée à des conditions que l'on peut appeler rigoureuses, puisque les produits qu'elle promet ne représentent que le plus modique des intérêts.

Quelle est la valeur réelle de la promesse du remboursement du billet de banque? Une banque ne peut être qu'avec le droit d'émettre du papier-monnaie, plusieurs fois l'importance de son capital. La Banque étant fondée pour faciliter le commerce, elle *doit* employer aux escomptes une somme de papier-monnaie nécessairement plusieurs fois supérieure à son capital numéraire; nécessairement alors le remboursement à volonté et en espèces de ses billets *est et doit être impossible;* autrement la banque ne serait pas une aide pour le commerce. Par conséquent, la promesse de remboursement à volonté étant *virtuellement illusoire*, cette promesse ne doit pas, ne peut pas être comptée comme une garantie[1].

---

[1] Une banque avec une somme de 100 millions en numéraire, ne peut rembourser que 100 millions de ses billets. Mais la Banque remboursait, c'est-à-dire qu'elle pouvait donner de l'argent parce que personne ne voulait en emporter. Mais aujourd'hui elle ne le peut pas parce

De tout cela il suit que la garantie de tout billet de banque dépassant le chiffre du capital numéraire, n'est, ne peut être et ne doit être que là où nous voulons la mettre, dans les garanties mêmes que présentent les valeurs escomptées. Nous avons reconnu l'utilité du numéraire comme élément de la circulation; alors il faut, puisque nous avons aussi reconnu qu'il n'est pas possible d'en déterminer la proportion, rentrer dans le vrai, seule base utile du Crédit, renoncer à l'*effet* d'une promesse irréalisable, et laisser à la Banque, distribuant le Crédit par ses escomptes, la distribution, sans proportion déterminée, du numéraire qui entre dans ses caisses, intéressée qu'elle est, comme grand établissement de Crédit, à servir le Crédit, par conséquent à aider, avec sa prudence ordinaire, la régularité de la circulation, sur laquelle reposent tous les intérêts.

Ainsi il n'y a rien à opposer à la demande de notre Caisse d'escompte qui puisse être pris dans la *nature même* du billet de banque; il y aurait

que tout le monde en veut recevoir. De même qu'il ne lui eût pas été possible de rembourser auparavant, si, comme aujourd'hui, tout le monde eût voulu du numéraire, et cela par cette seule raison que comme banque elle remplissait le but de sa fondation.

le temps de six mois à courir. Nous avons vu qu'il est normal; il y aurait aussi un changement de proportion dans le chiffre du numéraire; mais nous avons vu qu'il n'est pas possible de déterminer cette proportion. En somme, nous pouvons dire que, si nous devons une compensation, elle se trouve largement dans nos garanties.

Il ne saurait non plus y avoir d'objection à faire sur le chiffre des billets à émettre pour le service de l'Union... 450 millions étant affectés à l'escompte des premières valeurs qui ne forment pas le dixième des valeurs commerciales, nous demandons que la Banque soit autorisée à affecter aux neuf autres dixièmes une émission de 600 millions, qui lui permette d'escompter le choix de ces valeurs en les prenant dans leurs conditions propres. Voici à présent les résultats que l'on peut assurer :

1° Les crises commerciales venant des fautes d'en haut, si nous donnons au commerce réel, au commerce marchand une facilité de circulation qui le laisse dans sa nature, nous aurons fait que les chutes des grands spéculateurs ne seront plus des causes de difficultés générales, et au lieu d'avoir à compter sur une crise tous les huit ou dix ans, c'est à peine si à chaque période de vingt ans il y en aura une à enregistrer.

2° Le jour où il sera publié que 80 ou 100 mille propriétaires (le plus sera le mieux) ont souscrit les 600 millions de garanties, ce jour même la confiance sera revenue, parce que le travail sera rassuré; la propriété reprendra son mouvement ascensionnel, et il y aura à la Bourse de ce même jour, et sur les fonds publics, qui sont le thermomètre du Crédit pour l'État, et sur toutes les valeurs publiques, une hausse que dans le moment actuel on ne doit raisonnablement supposer possible qu'après au moins deux ans de calme et de sécurité.

3° L'argent! l'argent que nous avons courageusement laissé de côté, viendra s'offrir dès le début de notre entreprise; car il aura déjà reconnu et marqué la place que ses intérêts l'engagent à prendre dans le nouveau champ que nous voulons livrer à la circulation.

Je vais plus loin, j'affirme que, comme il arrive toujours que le mouvement de la réaction se produit avec une force supérieure à celle de la compression, nous verrons l'argent reparaître plus abondant que jamais, et nous pourrons non-seulement rétablir, mais améliorer encore les anciennes proportions du numéraire et des billets. Cette conséquence est infaillible. L'unité est, que l'intelligence se montre, le numéraire se présentera. *Croyez!* et vous vivrez. *Alea jacta est!* Quelle vraie, quelle haute politique M. de Lamartine a faite dans ces trois mots !

De toutes les objections que nous avons examinées, aucune ne subsiste contre la fondation de la *Caisse d'escompte de l'Union.* Ainsi elle peut être ; mais il y a plus, dans l'intérêt du pays, elle doit être.

Après Février vous avez augmenté de 200 millions l'émission des billets... Ils ont servi ou serviront au prêt hypothécaire fait par la Banque au gouvernement. Le gouvernement a fait comme tout propriétaire qui ne touche pas ses revenus. Or, les revenus du gouvernement, c'est l'impôt produisant en raison directe de l'activité du travail. L'activité du travail étant aujourd'hui impossible sans la fondation d'un puissant établissement de Crédit, cet établissement doit être créé. Ou bien, à défaut des revenus ordinaires produits par la circulation, les services du gouvernement devront être soldés par l'impôt. *Des affaires ou des impôts !* mais, ne l'oublions pas, l'impôt ne doit représenter que l'intérêt du capital ; et la ruine du capital commencera du jour où il faudra l'entamer pour compléter le paiement des intérêts.

D'après ce qui s'est passé, on peut considérer

comme sûres toutes les opérations nouvelles, et par conséquent deux signatures présenteront à la caisse toutes les garanties suffisantes. Comme moyen de sécurité on pourrait exiger l'inventaire de tout commerçant venant se recommander à l'escompte. La caisse, agissant dans les conditions normales du commerce, a le droit de s'assurer de la régularité de la position et des opérations de ses clients. La franchise et la netteté ne sont-elles pas des convenances vitales pour le *Crédit?*

Garantie morale : Je propose, et cette mesure me semble devoir donner d'heureux résultats, qu'un sixième des bénéfices soit réparti entre tous les confectionnaires de billets n'ayant eu aucun protêt dans tout le cours d'un inventaire. C'est une prime au profit de l'exactitude et une diminution sur le taux de l'intérêt. J'indique aussi la publication d'une espèce d'almanach où seraient notés tous les escomptés, ayant droit à cette répartition. Il me semble que lorsque l'on fait tant de sacrifices pour les annonces et les réclames, il ne sera indifférent ni aux escomptés de se voir cités dans le relevé des participants à la prime, ni aux agents du commerce d'avoir à choisir leurs clients snr un indicateur spécialement affecté aux adresses de tous les commerçants qui ont fait preuve de régularité. De plus, cet indicateur sera fort utile à consulter pour les travaux de statistique industrielle. Sur le sixième des bénéfices, une somme sera prélevée et affectée à des récompenses ou *prix Montyon* industriels qui seront annuellement décernés à des employés commis et ouvriers, sur les recommandations des chambres de commerce de leurs localités.

J'ai fait aux chances de pertes une part que l'on pourrait et que l'on doit supprimer. En effet, en prenant les opérations aujourd'hui après toutes les épurations qui ont eu lieu, on peut dire qu'elles n'atteindront même pas les 2 0/0 à retenir provisoirement la première année, et que chacune des deux signatures vaudra mieux ses 50 0/0 que chacune des trois signatures de la Banque n'en valait 33 1/3 avant février.

J'ai compris parmi les frais l'établissement d'une succursale dans chaque département. Aussitôt ces succursales formées, il y aura des demandes de titres de correspondants de la caisse de la part d'escompteurs qui s'établiront, et sans aucuns frais pour la caisse, soit aux chefs-lieux des départements, soit aux chefs-lieux de canton, et qui garantiront par leurs signatures les valeurs qu'ils apporteront à l'escompte.

Ces escompteurs seront en grande partie des banquiers qui, tout en étant solvables, et même ayant une certaine fortune, ont dû, à cause des événements, cesser leurs affaires de papier, vu l'impossibilité d'en opérer le placement. La *Caisse de l'Union* étant fondée, ils pourront reprendre immédiatement le service de leur clientèle. Ils seront des correspondants de la Caisse d'escompte. Avant la fin de la première année, il y aura de ces correspondants autant qu'il y avait de banquiers établis le 24 Février. Ce sera naturellement autant d'intermédiaires intéressés à assurer, soit par leurs propres capitaux, soit par les capitaux de leurs clients, la fondation de la caisse définitive.

Nous avons parlé de l'avantage de l'égalité devant l'escompte. Par l'établissement de la Caisse de l'Union aboutissant à toutes les localités principales à l'aide de ses comptoirs propres et de ses correspondants, nous arrivons tout naturellement à l'abolition des priviléges de place, c'est-à-dire d'abord, par le fait, à l'égalité de la plupart des places devant l'escompte, en attendant que par une multiplicité plus grande de relations, ce droit d'un grand nombre puisse devenir le droit de tous.

Que l'on pense seulement à tout ce que la Caisse d'escompte doit faire surgir de relations nouvelles et créer de circulation à tout ce qu'elle fera de bien à nos campagnes en les délivrant de l'usure qui les ruine ; enfin, à tout ce qu'elle apportera de facilités dans toutes les transactions, on doit se demander avec surprise comment il se fait qu'un pareil établissement n'existe pas.

Enfin, ou croyons qu'une entreprise de Crédit fondée dans les conditions de concours et de moyens que j'indique, ramènera et ranimera le travail, et qu'à la suite du travail reparaîtront les affaires, la confiance, la consommation et l'entrain, ou bien, soyons conséquents et philosophes jusqu'au bout! Alors, ne semons pas, ne plantons pas, ne bâtissons pas, même n'écrivons pas! car il n'est pas d'espérance de moissons, de fruits, de revenus, ou de gloire, qui n'implique plus de foi qu'il n'en faut pour croire :

QUE LE CRÉDIT REVIENDRA S'IL EST RAPPELÉ ET ENCOURAGÉ PAR LES EFFORTS, LE CONCOURS ET L'UNION DE 80 OU 100 MILLE PROPRIÉTAIRES !

CHAPITRE IV.

Appel aux propriétaires. — Mesure, chances, nécessité et utilité pour eux-mêmes de leur concours. — Ligne de conduite à suivre pour arriver à fonder le nouvel établissement de Crédit. — Chances avantageuses pour les propriétaires. — Avantages généraux. — Utilité publique. — Union. — Les Douanes. — Conciliation entre des intérêts différents. — Le Crédit international.

Qu feoit te sine te, non salvabit te sine te!

Associer! associer! associer [1]! Pour quiconque croit à une idée, c'est aujourd'hui le seul moyen de réussir.

Le droit d'association, que nous assure la fondation de la République, ne serait-il destiné à obtenir de sympathiques appuis qu'autant qu'il se réclamerait de formules généreuses, je le veux

[1] Associer! associer! associer! Tout est là. *Le dernier des sept moyens de faire les révolutions, tiré des instructions données en 1846 par M. Jh. Mazzini, chef de la jeune Italie. On trouvera toute la circulaire dans le journal l'U-* NIVERS, *n° du 26 août 1848.*

bien, mais inquiétantes, et pour le moins, in-comprises et inusitées? Et lorsqu'il s'agira de s'u-nir pour parcourir des sentiers connus, pour lutter, à l'aide de moyens simples et pratiques, contre les difficultés dans lesquelles la société se débat, faut-il croire que les avantages du droit d'association seront méconnus ou négligés, parce qu'il ne faut que du calme pour recommander efficacement ce qui est utile, parce qu'il n'y a lieu de rien dire qui puisse émouvoir ou éton-ner; enfin, parce qu'il n'y a rien à promettre ni même rien à faire espérer, qui puisse être en dehors des limites infranchissables de la raison?

Je m'adresse aux propriétaires; — puissé-je les avoir déjà préparés à me répondre par leur adhésion et leur concours.

La ruine de l'industrie atteint nécessairement la propriété. La propriété en se prêtant à relever l'industrie, s'assure elle-même. Elle fera donc bien pour elle, et elle fera du bien. Ce dernier motif doit lui suffire, et, je l'espère, il lui suffira pour se décider.

Dans les détails que je donne au tableau n° 3, on verra que la propriété étant estimée 68 milliards, et étant supposée représentée par un million de propriétaires, possédant chacun 68,000 fr., i seulement 1 sur 20 donnait une garantie hypothécaire de 12,000 fr., soit jusqu'à concurrence de 17/64 0/0 de la valeur de sa propriété, portée prix estimable avant Février, nous aurions les 600 millions de garantie nécessaires à la fondation de la Caisse d'escompte.

Mais la propriété n'étant pas uniformément répartie, je me suis reporté à des états sur lesquels j'ai pris l'idée des trois catégories que je propose et que je présente au TABLEAU n° 1.

Pro-priétaires	possédant chacun	garantissant chacun		nous aurions
2,300	528,882	100,000	soit 18.93 $^o/_o$	230,000,000
10,000	130,543	25,000	» 19.14 $^o/_o$	250,000,000
60,000	11,400	2,000	» 17.54 $^o/_o$	120,000,000
72,300	souscrivant sur 22 millions de			
	propriétaires pour garantir			600,000,000

Si tous souscrivaient, chacun dans la proportion de sa fortune, les 600 millions n'étant que 88/100 de la propriété, ce serait pour chacun 0,88 à souscrire pour 100 fr. de la valeur de sa propriété, dont 0,12 pour chaque cent francs sont présumés compromis (2, n° 3). Mais si l'on ne doit pas espérer de tous, est-il en dehors de la possibilité que 73 mille se présentent sur 23 millions ? Je ne le pense pas.

Chacun de ces 73 mille, dans la souscription

qu'il donne, ne garantit, suivant les catégories, que 18/93, — 19-14, — enfin, 17-54 de la valeur de sa propriété.

Or, cette garantie se trouve en quelque sorte dépassée par la dépréciation seule que la propriété a subie, et qui est estimée moyennement au delà de 25/00.

J'ai calculé sur une éventualité de pertes (voir le tableau nº 3), et pour rendre cette éventualité plus appréciable, je la représente à sa valeur.

Cette perte serait pour les 73 mille propriétaires de 2,50 pour 100 fr. de la valeur de leur propriété, c'est-à-dire du montant d'une année de revenus.

Mais par le fait seul de la souscription, la dépréciation de la propriété est atténuée par la mise en mouvement de la Caisse d'escompte : cette dépréciation est compensée.

Ainsi on peut dire que l'affaire se présente en ces termes :

1º Est-il avantageux d'exposer 2,50 pour conserver 25,50 ou 60 0/0 du capital? Oui, toujours.

2º Si cela est avantageux et si cela est nécessaire, y a-t-il une seule raison plausible pour s'abstenir? Non.

C'est une année de revenus à exposer, pour empêcher que la propriété, qui depuis 20 ans a augmenté de 60 0/0 par la prospérité, ne baisse de 60 0/0 en six mois par la ruine du commerce et de l'industrie.

Je fais appel à tout ce qu'il y a d'hommes généreux. Ce n'est pas la première fois que l'on aura vu les opinions s'effacer devant les besoins du pays : aussi ai-je l'espoir que rien ne viendra paralyser l'élan dont il faut que quelques-uns donnent l'exemple. O vous qui à d'autres époques vous seriez dépouillés pour fonder un monastère, venez ! Montrez-vous au premier rang des hommes du sacrifice ! Il s'agit d'une banque. Mais puisque pour Dieu le travail participe de la sainteté de la prière, n'y a-t-il pas des rapports intimes entre une fondation où l'union de beaucoup permettra de relever le travail, et une chapelle où l'on se rassemble pour prier. — Éclairez-vous du sentiment religieux qui vous anime; parcourez ces ruines que la philosophie a faites; voyez ce monde où elle a semé l'esprit d'hostilité et de doute, et dites-moi si, dans tout ce qui se tient debout, vous avez découvert quelque chose de plus solide que le travail, à quoi, s'il survient une tempête, la société puisse attacher un câble pour se maintenir et se sauver.

Du reste, je n'entends pas ici accorder à aucune position la supériorité dans le dévoûment.

En France, cette vertu est depuis longtemps le patrimoine de tous. Si j'évoque le passé, c'est pour témoigner de la reconnaissance de l'avenir pour ceux qui au moment difficile seront venus demander leur part de l'héritage qui nous est commun.

J'ai exposé avec franchise et en chiffres la part demandée entre tous à quelques-uns ; mais je dis avec la même franchise qu'il n'y aura lieu à aucun sacrifice. — Ce qui est à faire, c'est ce que la Banque a fait toujours avec avantage. Jamais à un moment plus propice. Je crois l'avoir surabondamment démontré.

Le résultat positif sera pour la Caisse d'escompte et pour ses fondateurs un bénéfice qui, certainement, dépassera les appréciations faites.

57 fr. ajoutés aux revenus d'une propriété de 11,000 fr. qui produit 280 fr., c'est une augmentation sur la valeur actuelle, d'abord de toute la dépréciation actuellement subie, et de 20 0/0 de sa valeur rétablie. Ainsi, ce n'est pas seulement 10 0/0, comme je l'ai dit au premier chapitre.

De plus, tel propriétaire qui aura souscrit pour 2,000 fr.,—je prends ce chiffre, —trouvera avant peu un preneur de sa position qui le délivrera de son hypothèque, soit par un autre, soit par un dépôt de rentes qui lui paiera 5 ou

600 fr. pour la part des chances attribuées à son obligation.

Enfin, veut-on voir fermer la carrière où s'échappent aujourd'hui tant d'empiriques pour découvrir, à l'aide de nouveaux impôts aussi inimaginés qu'inimaginables, le baume souverain qui doit sauver nos finances, il n'y a qu'un moyen : c'est que le Crédit se montre au travail qui souffre et qui se tait.

Il y a dans ce moment plus de 6 milliards d'affaires pendantes ; que 600 millions soient finies à l'aide de la Caisse d'escompte de l'Union qui en aura le choix, plus de 4 milliards des autres se finiront ; le travail reprenant, la consommation reviendra ; avec la consommation et le mouvement, les impôts reprendront leur chiffre normal, et l'État pourra penser à mieux qu'à écouter ces bourdonnements qui l'étourdissent, et qui, par contre-coup, inquiètent la propriété.

Ainsi, associez! associez ! associez! aujourd'hui, en vue du bien que l on peut faire; demain, qui sait? nécessairement, peut-être, contre le mal auquel il faudra s'opposer.

C'est exclusivement en nous que nous devons chercher notre force; allons au but sans que rien nous fasse dévier.

Attachons-nous *exclusivement à une seule chose*, à réaliser les 600 millions de souscriptions.

Les souscriptions une fois obtenues, tout ce que notre projet implique d'utiles conséquences, dispenses de frais pour les actes, modifications de statuts, etc., se présentera devant nous, sans que nous ayons eu à nous en préoccuper.

Les souscriptions obtenues, l'État n'attendra pas que nous demandions : il a trop d'intérêt à nous voir réussir, et nous le trouverons tout près dès le jour que nous nous serons créés.

Les souscriptions obtenues, la Banque de France, aussi intéressée que l'État à ce que notre établissement se fonde, viendra comme lui au devant de nous aussitôt que nous serons. Si l'on comprend que la Banque doive désirer de s'appuyer sur une force nouvelle, on doit comprendre aussi que c'est pour elle un droit et une convenance de s'abstenir tout le temps que cette force ne sera pas.

N'oublions pas que le but de notre fondation est le *rétablissement du Crédit*. Nous devons donc repousser, loin de le désirer, tout appui dont l'influence serait de nature à nous *décommercialiser* (que l'on me passe le mot), car le Crédit ne viendra par l'adhésion de tous qu'autant que la volonté de chacun aura été le fait de sa plus complète, de sa plus entière liberté!

Marchons au but sans gaspiller nos forces à raisonner ou à répondre. Lorsque nous serons arrivés, les raisonneurs seront pour nous.

Un homme se noie; au lieu de suivre l'élan de votre cœur, raisonnez! Le malheureux aura péri, que vous n'aurez pas commencé à mettre d'accord votre humanité avec le danger de vous exposer, ou l'inconvénient de vous compromettre.

Mettons-nous à l'œuvre avec persévérance et sans relâche, malgré les difficultés, ou mieux à cause même des difficultés qui doivent se présenter immenses, comme raison et comme preuve nécessaires de l'utilité et de l'importance de notre fondation.

Mettons-nous à l'œuvre, et profitons, pour aller vite, de ce rare avantage de n'avoir aucunement à nous embarrasser de préliminaires, d'arguments et de conséquences.

Il nous suffit d'*une idée* et d'*une foi*.

Une idée : Le Crédit! motif, objet et but tout ensemble.

Une foi : Nous étant! le Crédit sera, s'il n'est pas! s'il est, nous en décuplons la puissance, et nous l'affermissons pour jamais!

Enfin, *les souscriptions obtenues,* voilà, indépendamment du bien que le commerce et l'industrie pourront se promettre, ce que déjà nous aurons fait pour le pays.

1° Il faudra pour la *Caisse d'escompte de l'Union,* des gérants, des censeurs, des inspecteurs ou des délégués, qui seront chargés dans chaque département de représenter leurs co-intéressés. Que les délégués soient nommés directement par le scrutin, ou choisis par la Banque entre ceux que le scrutin aura désignés, ou même seulement désignés par la Banque, il s'établira par leur intermédiaire, entre le commerce et la propriété, des relations d'intérêt, d'accord et de concours, dont le pays pourra profiter à tous ses moments d'embarras.

2° Bientôt les discussions politiques, dont toute l'utilité est dans le besoin de la tranquillité et de l'ordre, sans lesquels le travail est impossible, devront faire place aux questions plus pratiques des besoins de notre commerce international. Par notre Caisse d'escompte, nous aurons préparé l'accord entre tous les intérêts divers.

De la nécessité reconnue par tous de s'unir pour rétablir le Crédit, qui à tous importe d'une manière absolue, il n'y a pas loin à la possibilité de s'écouter et de s'entendre pour remplacer les profits usés du monopole, créé par le vieil antagonisme, et que notre civilisation repousse par les bénéfices encore inexplorés que des concessions réciproques assurent à tous, et que notre civilisation appelle. Or, du moment que la nécessité de l'union reconnue sur un point fait apparaître la possibilité de l'union sur tous les autres, on peut le dire avec certitude : l'union sera, c'est-à-dire l'union est ! L'union étant, cette *grosse question des douanes,* qui a toujours été si délicate et si irritante, deviendra, grâce à la fondation de la Caisse d'escompte de l'Union, une question facile à résoudre, parce qu'elle sera discutée, présentée, non par des représentants d'intérêts divers demeurés hostiles à cause de l'isolement, mais par des hommes que l'*intérêt supérieur du Crédit* aura déjà réunis, et par conséquent déjà disposés à comprendre l'utilité et la nécessité de la conciliation.

3° Il nous faut, notre nature donnée, quelque chose de supérieur qui nous pose entre tous les peuples commerçants ; et quoi de mieux pour cela, qu'une preuve supérieurement pratique de respect pour le Crédit, qui est le principe même du commerce ?

Dans un moment où les difficultés semblent in-

surmontables, et où d'autres peut-être ne pense-
raient qu'à succomber, nous, au contraire, nous
nous relevons à l'aide de ces difficultés mêmes
et nous en fesons un moyen assez puissant, non
pas seulement pour les vaincre, mais pour en
effacer les traces et en rendre, en quelque sorte,
le retour impossible. (*Ipsi ceciderunt; nos autem
surreximus, et erecti sumus.* Ps.)

Et ce double résultat, que jusqu'à ce jour on
n'eût pas même osé imaginer d'offrir au commerce, *la Caisse d'escompte de l'Union* étant,
elle ne peut pas, elle, ne pas le réaliser.

Certes, elle méritera et elle aura le droit de
s'appeler NATIONALE, cette fondation qui réunira,
en vue des intérêts du travail, 73 mille propriétaires représentant tous les propriétaires de la
nation.

Et le monde qui nous regarde nous traitera-t-il
encore de peuple frivole, s'il voit 73 mille de nos
propriétaires se vouant aux besoins du travail?
non pour discourir sur la question d'un droit,
question qui est vaine, qui dans ce moment agite
la société, comme ferait du vinaigre jeté sur des
blessures qui demandent des applications délicates d'huile et de miel; question enfin qui compromet le travail, mais pour rendre la confiance
et la vie au travail, à l'aide d'un établissement

qui en assure la durée, la régularité et le profit?

Enfin, cette fondation sera dans la République une tendance de plus pour des aspirations nouvelles; un but noble, utile et chrétien pour des ambitions nouvelles. Elle sera encore une gloire nouvelle, et pour celle-là du moins le monde n'aura pas de regrets à mêler à son admiration.

Maintenant des hommes ou un homme! commerçants, industriels, financiers, propriétaires, ouvriers! à qui de vous le rôle de Pierre l'Hermite, dans la croisade du Crédit?

POST-SCRIPTA.

La Banque de France et la proposition de MM. Julien, Lacroix, et Devillaine: — Réflexions diverses.

I

On a proposé d'autoriser la Banque à émettre 400 millions de billets pour être employés au service du Comptoir d'escompte. La Banque étant libre dans son appréciation des valeurs que le Comptoir viendra lui proposer par voie d'endossement ou de dépôt, l'opération est bonne et n'atténue en rien le crédit de la Banque. Cette opération sera une facilité de plus pour le commerce ; mais elle ne sera complétement profitable à tous les intérêts que par la fondation de la *Caisse d'escompte de l'Union.*

Les besoins existent, mais l'élan manque. L'élan se produira nécessairement le jour où 75 ou 100 mille propriétaires, par un acte émané de leur pleine et libre volonté, auront lié les intérêts de la propriété et de l'industrie.

Ces rapports, *librement* établis entre la propriété et l'industrie, seront pour tous un gage de paix ; ils nous rétabliront dans toutes nos chances de commerce, d'échange, de relations internationales et de crédit.

II

On lit dans un journal du 3 novembre :

« Le comité des finances est chargé de l'examen de la proposition de MM. Julien, Lacroix et Devillaine, relative à des modifications aux statuts de la Banque de France.

« L'article premier du titre premier sera modifié ainsi : « Le capital de la Banque de France et de ses comptoirs sera porté à la somme de 300 millions de francs. L'État deviendra actionnaire pour les deux tiers de ce capital et les actionnaires actuels pour l'autre tiers.

« En conséquence, l'État devra apporter pour sa part de ce capital dans les caisses de la Banque une somme de rentes équivalente au capital de 200 millions de francs. Cette somme de rentes sera prise dans la Caisse de l'amortissement, et le taux de cette rente sera fixé au pair ; mais si la Banque est obligée de faire usage des rentes à elles cédées, la Caisse d'amortissement lui tiendra compte de toute perte résultant du prix d'émission. »

« L'article 10 sera rédigé ainsi : « Il sera établi des comptoirs d'escompte dans les villes des départements où les besoins du commerce en feront sentir la nécessité. »

« L'article 11 sera rédigé comme suit : « La Banque pourra admettre à l'escompte des effets à une seule signature notoirement solvable, si on ajoute à la garantie de la signature un transfert d'effets publics, ou un titre hypothécaire de valeur suffisante. Dans le cas où la Banque de France se refuserait à admettre les présentes modifications à ses statuts, il sera procédé à l'expropriation de son privilége pour cause d'utilité publique. »

La demande de porter à 300 millions le capital de la Banque et de ses comptoirs, viendrait à propos, si les actionnaires effectuaient eux-mêmes le complément de ce capital; mais on prévoit l'impossibilité ou la difficulté, et l'on veut que ce soit l'État qui complète le capital de 300 millions avec des rentes de la Caisse d'amortissement... C'est demander l'immixtion de l'État; c'est par conséquent *décommercialiser* la Banque et dénaturer son crédit. Cette mesure serait dangereuse, et mon projet la rend inutile.

III

Obliger la Banque à escompter des effets ayant une seule signature moyennant un dépôt d'effets publics, serait une exigence inconciliable avec le but, l'utilité et les devoirs de sa fondation.

Une signature et un dépôt, c'est le prêt sur gage. Ce prêt peut seulement être *facultatif* pour la Banque, qui ne doit accepter que des *effets*. La Banque a bien pu sans inconvénient avancer 150 millions à l'État, moyennant garantie hypothécaire ; mais elle se compromettrait comme banque, et s'exposerait à altérer son crédit international, si elle mêlait à ses escomptes *d'effets de commerce* un genre d'affaires que déclinent les simples banquiers qui se respectent : celui de négocier des promesses moyennant gage et sûreté, c'est-à-dire du papier qui, en promettant, fournit supplémentairement la preuve qu'il ne promet qu'éventuellement ; enfin, qu'il n'est pas du papier. La Banque, établissement de crédit, ne doit pas devenir *bureau de ressources*.

Du reste, toutes ces demandes prouvent l'urgence des besoins et les progrès du mal ; mais, quoi que l'on fasse, on n'arrivera à rien que par la consolidation des bases de la société , c'est-à-dire par la possibilité de la reprise du travail : tout ce que l'on fera sans que le travail en soit la base , l'élément et le but, qu'on l'appelle comme on voudra, ne sera ni utile, ni utilisable, et si ce qui vaut encore y est mêlé... ce qui vaut arrivera *à ne valoir plus.*

IV

On dit : tout cela sera, *ou la Banque sera expropriée pour cause d'utilité publique.* Nous nous trouvons dans cette alternative : si la Banque cède, *elle n'est plus une Banque;* si elle refuse, elle n'est plus *la Banque.* J'aime mieux pour elle et pour l'avenir du Crédit voir la Banque renoncer à *être la Banque,* que renoncer à être *une Banque.*

Ainsi la Banque aurait en vain traversé toutes nos révolutions contemporaines ! en vain, institution industrielle, elle se serait maintenue irréprochable sous tous les régimes qu'elle a vu vivr et mourir depuis 40 ans ! en vain elle aurai conservé inaltéré jusqu'à ce jour le dépôt *sacré du Crédit!* tout cela serait compté pour rien! La Banque devrait finir, si elle osait refuser son concours à des expédients dont son expérience lui ferait désapprouver ou redouter l'emploi, et une nouvelle Banque serait fondée.

Vous vous êtes sans doute bien rendu compte de ce que vous voulez créer et de ce que vous allez détruire.

Ainsi vous reconnaissez que la Banque, point culminant du Crédit, a été pour chacun de nous un but d'aspiration et d'effort.

Vous avez vu le banquier tendant à être le client de la Banque, et le commerçant tendant à être le client de l'escompteur accrédité.

Vous vous pénétrez alors de toute la valeur d'un établissement dont la confiance seule est devenue une ambition et un capital.

Vous avez aussi apprécié ce qu'a dû produire de bien moral dans la société, le vif désir d'un industriel d'être toujours prêt *au passage de la banque,* pour être noté *payant à vue.*

Enfin, vous avez compris, sans aucun doute, que c'est depuis peu que de nation conquérante nous sommes devenus une nation industrielle, et que la Banque, par un effet tout naturel de l'influence supérieure de son crédit, a dû (sans le vouloir et sans avoir à en revendiquer aucun mérite) nous aider à reconnaître dans une utile et honorable susceptibilité industrielle, un reflet et un germe conservateur de notre susceptibilité nationale? Oui! vous savez tout cela, et plus encore que l'on pourrait ajouter ; mais il n'importe : la Banque ne veut pas se soumettre, elle sera expropriée.

Mais vous voulez en constituer une nouvelle... Soit! Je vous accorde pour cela toute la perfection humaine possible... J'accorde même que vous puissiez conserver dans votre nouvelle banque tout l'ancien personnel sans exception.

Voilà ce qui arrivera :

Après quinze jours, vous avez à traiter avec votre Banque une opération dont la conclusion vous importe. Votre Banque souscrit à tout ce que vous proposez ; mais les moyens qu'elle aura mis à votre disposition ne peuvent recevoir que du Crédit la force dont vous avez besoin. Eh bien! votre Banque, en vous prêtant tout son Crédit, ne vous prêtera *rien* ; car elle ne pourra vous prêter qu'un Crédit de 15 jours, et pour assurer votre droit d'obtenir ce *rien*, vous aurez *tué un Crédit de 40 ans*.

Ce qui fait la force du Crédit, c'est la liberté qu'il doit avoir de se donner et de se refuser.

Il faut que le Crédit aie le droit de se tromper ; qu'il puisse même pousser ce droit à l'absurde, parce que c'est la liberté illimitée dans le droit de refus qui fait toute la valeur de la confiance que l'on demande, qui constitue cette confiance, et qui la fait être *le Crédit* lorsqu'elle est accordée.

Je comprends que l'on sollicite la Banque, qu'on la presse tout autant que l'on peut et que l'on doit solliciter et presser un marchand ; mais comme c'est toujours le *Crédit* qui est l'enjeu, on doit s'abstenir de menacer.

Aussi vrai que la liberté crée, la contrainte détruit... La Banque cédant sous la pression de la contrainte ne peut rien, car en cédant ainsi elle *se suicide.*

En voulant que la Banque soit le centre de tout ce que nous pouvons imaginer de projets de salut, ne proclamons-nous pas par cela seul notre besoin de son crédit ? Alors est-il de notre intérêt d'atténuer par des menaces une force dont nous reconnaissons la nécessité ? La Banque étant liée à tous les résultats des faits actuels ne peut rester indifférente à aucun de nos efforts. Si donc elle refuse, c'est qu'elle ne croit pas que ce que nous proposons puisse réussir : trouvons mieux ! Elle consentira dès que nos offres lui paraîtront appropriées à sa nature, aux nécessités de ses obligations et aux conditions d'être du *Crédit*.

Ne perdons pas un instant de vue les faits présents et pressants. Proposons des projets, mais ne les imposons pas; et cela, par cette raison toute simple, que l'intervention de la Banque étant indispensable, puisqu'elle est le *Crédit,* imposer un projet, c'est le rendre impossible.

Ainsi, dans notre intérêt pour la conservation de notre immense capital inconnu, voyons, avant tout, au-dessus de tout; voyons, *quand même,* la nécessité où nous sommes de maintenir la Banque dans sa position par le respect *absolu de sa liberté,* qui est la condition *absolue de son Crédit.*

La Banque cessant d'être respectée dans sa liberté, cesse d'être.

La Banque cessant d'être, une autre banque n'est pas possible, parce qu'il n'y a de banque possible que sous la condition absolue de pouvoir être avec liberté.

Alors nous aurons un établissement d'un autre ordre qui sera une *banque de l'État;* or, une *banque de l'État* étant une institution inconciliable avec nos besoins et nos habitudes d'invididualité, d'initiative et de liberté industrielles, nous rétrograderons fatalement vers *la nécessité des faits positifs*, et les faits positifs ne produisant, ainsi que nous l'avons fait voir, que dans les limites bornées du tribut que nous payons pour pouvoir, sans trouble, travailler à la conservation et à l'accroissement progressif de notre capital [1], nous arriverons à ce résultat que nous allons clairement formuler :

[1] Plusieurs journaux socialistes agitent dans ce moment la question du capital.

L'un d'eux fait cette demande : *Qu'est-ce que le capital ?*

Un autre répond : *Il y a deux sortes de capital :*

1° *Le capital naturel prêté par Dieu à l'humanité tout entière, et dont la société doit assurer la jouissance gratuite à tous, tels que l'air, la lumière, la terre.*

Ici, sans doute, *le prêt gratuit de la terre* ne doit pas s'entendre pour le simple droit de promenade sur les routes.

2° *Le capital industriel*, etc. Ici je m'arrête. C'est déjà une erreur que de scinder ce qui est indivisible. La 2e subdivision est seulement une inconséquence mise après une impossibilité. — On y parle de liberté ; est-ce que la *liberté* peut être où la *propriété* n'est pas ?

Pour les libéraux, il suffisait que la France se fît protestante ; pour les socialistes, il faut qu'elle se fasse Turque. Il y a *progrès.*

Nier ou désorganiser, c'est détruire. — Tel est l'œuvre obligé et même *innocent* du philosophisme. Il tend à faire

Au lieu des 20, 25 ou 30 milliards que nous produit ce fait surnaturel qui est la circulation, le Crédit, c'est-à-dire la *foi*,

Nous aurons la perspective des 2 milliards, ou à peu près, que nous assure le *Positivisme*.

Et ce résultat, c'est le terme fatal de l'impasse dans laquelle nous nous trouverons engagés, si l'on ne rejette pas cette illusion que l'on fera du *Crédit* parce que l'on aura appelé *établissement de Crédit* une institution financière, destinée à fonctionner, non pas *commercialement*, c'est-à-dire sous l'impulsion des besoins, des convenances, et de la liberté du commerce; mais *administrativement*, c'est-à-dire sous la pression de l'autorité et de la volonté souveraine de l'État.

Si l'on décrète le *Crédit* au nom du peuple, le peuple, à qui Dieu a dévolu plus de bon sens et de sagesse qu'il n'y en a dans la science et les systèmes; le peuple, dont on aura juré le nom en vain, protestera par ce mot incompatible, qui est de lui : *La confiance ne se commande pas !*

que *tout devienne rien*, au contraire du catholicisme qui fait *que rien devient tout*.

Qu'est-ce que le capital? Dire que le capital c'est le Crédit, ne suffit pas ; en présence des folies du *socialisme*, il faut des termes formels : Le *capital* c'est la *société*. Comprendra-t-on ?

V

UN TRAIT DE LA VIE

DE

SAINT VINCENT DE PAUL.

—

Un jour il rassembla dans l'église toutes les dames de charité et les principaux seigneurs de la cour. Un sermon lui servit de prétexte. A cette époque il était de mode d'aller entendre les grands prédicateurs qui brillaient dans la chaire, et saint Vincent de Paul jouissait d'une haute réputation d'éloquence et de savoir. Aussi l'affluence fut-elle considérable. Le saint prêtre avait fait placer dans le sanctuaire cinq cents de ces pauvres enfants dont il voulait plaider la

cause; puis, le cœur oppressé de cette charité
qui égalait dans son âme toute l'énergie de l'a-
mour maternel, il monta en chaire, et mêlant
ses sanglots aux cris de ces innocentes créatures,
il les montra au sexe compatissant qui les entou-
rait, et au milieu de l'émotion qu'un spectacle
aussi inattendu produisit dans l'auditoire, il s'é-
cria :

« Or sus, Mesdames, vous avez adopté ces enfants; vous êtes devenues leurs mères selon la
grâce, depuis que leurs mères selon la nature
les ont abandonnés; voyez si vous voulez aussi
les abandonner pour toujours. Cessez, dans ce
moment, d'être leurs mères pour devenir leurs
juges : leur vie et leur sort sont entre vos mains.
Je m'en vais prendre les voix et les suffrages. Il
est temps que vous prononciez leur arrêt. Les
voilà devant vous; ils vivront si vous continuez
d'en prendre un soin charitable, et ils mourront
tous demain si vous les délaissez. »

On ne répondit à cette touchante exhortation
que par des pleurs et des cris de miséricorde.
Le même jour, au même instant, dans la même
église, l'hôpital des Enfants-Trouvés de Paris fut
fondé par acclamation et doté de quarante mille
livres de rentes. (*Almanach catholique,* 1849.)

Aujourd'hui! quelle haute mission à remplir

pour celui qui voudrait être le *saint Vincent de Paul des travailleurs!* quelle riche moisson à recueillir de charité, de bonne gloire et de popularité délicieuse! et quelle moisson facile!

Pour offrir les bénédictions de plus de trois millions d'ouvriers, la plupart pères de famille, et la reconnaissance de la société tout entière A QUELQUES HOMMES DE BONNE VOLONTÉ, est-il donc besoin de l'éloquence?

VI

D'après ce que j'ai dit, on a pu comprendre que le bien à attendre de la Caisse d'escompte de l'Union sera complet, si les propriétaires ruraux en sont exclusivement les fondateurs.

Dans le nombre de nos 37 mille communes, si MM. les maires, curés ou desservants de seulement 10 mille communes peuvent obtenir l'adhésion de leurs administrés ou paroissiens, la prospérité de la France est assurée par le rétablissement de la confiance et du Crédit.

VII

Il faut que de suite il se forme, soit à Paris, soit dans l'une de nos grandes villes industrielles ou commerçantes, un centre de communication.

Que, de suite, un acte de société soit dressé, dût-il ne valoir que pour obtenir même provisoirement les souscriptions, et que cinq ou six personnes intelligentes et douées d'une certaine initiative, recommandables par leur influence, leur probité et leur connaissance pratique des affaires, se mettent en avant, et cela suffit.

La Caisse d'escompte de l'Union sera fondée.

Les rapports s'établiront de suite. De suite la France répondra au premier appel, parce que comme dans toute la France il y a identité de besoins, d'inquiétude et de gêne, il y aura partout spontanéité d'empressement à se réunir pour réaliser un moyen de salut QUI EST LE SEUL, *qui ne peut manquer d'être efficace, qui est puissant, rationnel, simple et pratique,* aussitôt qu'il sera *convenablement et honorablement* présenté.

VIII

NOUVEAUX MOTIFS PUISÉS DANS LES CIRCONSTANCES ACTUELLES.

Qui habet aures audiendi, audiat.

Cours des fonds publics. Mars, 5 0/0 51 fr.; 18 décembre, 5 0/0 80 fr.

Puisque pour posséder une rente *aléatoire* de 5 fr., il faut donner un capital *positif* de 80 fr. au lieu de 51 fr. (cours de mars), ou de 64 fr. (cours du 14 novembre), il est incontestable qu'on a plus de foi dans l'avenir, en d'autres termes, qu'il y a plus de *Crédit*. Cela est élémentaire et naïf de vérité.

Profitons des circonstances pour fonder LA CAISSE D'ESCOMPTE DE L'UNION. Cette institution étant utile et nécessaire QUAND MÊME; que la certitude d'un succès plus facile nous soutienne comme un secours nouveau, et nous excite à redoubler de persévérance et d'énergie.

Mais le danger passé s'oublie vite. La société rassurée va-t-elle retomber dans son ancienne indifférence, heureuse de ne pas avoir plus souffert, et insouciante de n'avoir rien appris?

Dieu protège la France. Oui! mais si Dieu protège, il éprouve; et, que l'on y pense, il oblige.

Si un jour, mais *trop tard*, nous devions regretter les angoisses et les frayeurs salutaires, dont la prolongation nous eût inspiré sans doute de combiner nos efforts, pour assurer par le concours intelligent et charitable des puissants, des consolations et des secours pour les malheureux, des moyens d'émulation et d'encouragements pour les travailleurs, de l'espérance et de la sécurité pour tous!

Si un jour il nous arrivait de nous voir acculés dans l'impuissance, et succombant avec le remords inutile d'avoir fermé nos cœurs, nos yeux et nos esprits, lorsque nous devions secourir, observer et comprendre!

Le 5 0/0 est à 80 fr.; mais pour la société tout n'est pas là.

Moins qu'un homme suffit à Dieu pour se faire entendre. Dieu veuille que ma voix plus ou moins retentissante ne rende ici qu'un son vain!... Cependant! si de ma faible voix sortait le bruit précurseur de l'orage!!!

PRIÈRE.

Ili in turribus et hi in equis nos autem
in nomine Domini invocabimus.

Mon Dieu! je viens de parler suivant mon cœur, ma conscience et ma raison.

Je me suis pris quelquefois à m'applaudir, parce que je pensais avoir recommandé d'idées utiles.

Que l'aveu que je fais ici de ma vanité soit mon humiliation, puisque n'étant rien, ni le ridicule, ni même la critique ne peuvent m'atteindre.

Mais à aucun instant je n'ai cru à une force venant de moi, parce que je sais que toute force vient de vous, et que vous seul êtes la force.

Je vous demande, ô mon Dieu! si j'ai touché le vrai, de faire qu'un autre vienne puiser au fond du ruisseau dont j'ai à peine effleuré la surface.

Si je me suis égaré, montrez à un autre la voie que vous aimerez, et faites-lui voir et percer le roc duquel doit jaillir la prospérité dont la France a besoin.

O mon Dieu! au nom de toutes ces œuvres diverses par lesquelles il vous plaît de témoigner à toutes les époques que la France est la fille chérie de vos entrailles! au nom de l'œuvre plus que séculaire de saint Vincent de Paul, de celle toute récente de l'Archiconfrérie de la Vierge, et de tant d'autres! enfin, au nom de la miraculeuse communion des hommes à Notre-Dame de Paris! rendez assez perçantes pour traverser les oreilles et les cœurs toutes les voix qui demanderont à la France, *pour la France*, au nom de L'HONNEUR, de L'UNION et de LA CHARITÉ! Amen.

UN PAUVRE.

Répartition de la Propriété en France, estimée à 68 milliards, pour servir à l'Établissement d'une Caisse d'Escompte.

1	2		3	4	5	6	7	8	9	10	11	12	13	14
SÉRIES.	Almanach de la Communauté de 1843, établissant la valeur des propriétés à 40 milliards.		Revenus rectifiés sur le chiffre de la propriété porté à 68 milliards 2 1/2 o/o.	Classement rectifié des propriétaires sur le chiffre de 68 milliards.		Valeur des propriétés calculées sur 2 1/2 o/o de revenus.	Proportion des propriétaires souscripteurs sur le nombre des Propriétaires.	Souscriptions pour fonder le capital de 600 millions.	Répartition des 600,000 actions de fondation.	Nombre des souscripteurs.	Chiffre des souscriptions.		Moyenne des souscriptions.	Valeur des propriétés.
	Propriétair.	Revenus.		Propriétair.	Revenus.									
1re	46,000	10,000	13,222	46,000	13,222	528,882	1 sur 20	230,000,000	230,000	2,300	80,000 à 120,000		100,000	24,320,572,000
2e	150,000	2,455	8,263	150,000	3,263	130,543	1 sur 15	250,000,000	250,000	10,000	20,000 à 30,000		25,000	19,581,450,000
3e	22,150,000	18	28.50	2,215,000	285	11,400	1 sur 37.91	120,000,000	120,000	60,000	1,000 à 4,000		2,000	25,251,000,000
	22,346,000			2,411,000			1 sur 24	600,000,000	600,000	72,300				69,162,022,000

TABLEAU N° 2.

Caisse d'Escompte, ses Opérations et ses Frais.

Opérations	Recevoir les escompteurs, vérifier et enregistrer les bordereaux ; estampiller les effets, les envoyer par l'escompteur lui-même à la Banque locale qui acquitte les bordereaux. La Caisse d'escompte n'aurait ni comptes courants, ni dépôts ; elle ne ferait aucune opération de Bourse ; toutes ses opérations seraient exclusivement bornées à l'escompte.		
Frais de bureaux	Supposant 15,000 fr. pour chacun des 86 départements et 20,000 pour l'Algérie.	1,310,000	
	Il faudrait en déduire :		260,000
Taxe des bordereaux	1° Fr. 1 pour tout border. de 1,000 et au-dessous, supposant sur 1,500,000,000 750,000 b. de 1,000 750,000		
	2° 2 pour tout bordereau supérieur à 1,000 , supposant 150,000 b. de 5,000 300,000	1,050,000	
Compte courant avec la Banque de France.	Le seul compte courant serait avec la Banque de France.		
Caisse.	Elle se composerait des produits des taxes de 1 et 2 fr. et des sommes prises à la Banque pour appointements et gages des employés divers, etc.		
Intérêts à bonifier.	Supposant un maniement de fonds ou billets empruntés à la Banque jusqu'à concurrence de 10,000,000 5 °/°.	. . . . .	500,000
Frais supplémentaires . . .	A bonifier à la Banque de France pour augmentation de son personnel, inspecteurs, commis, garçons de recette	. . . . .	100,000
Impressions annuelles . . .	D'un almanach à répandre où figureraient les noms, professions et adresses de tous les escomptés qui dans le cours d'un inventaire n'auraient eu aucun effet en souffrance.	. . . . .	60,000
Imprévu	Pour frais supplémentaires.	. . . . .	200,000
	Établissement provisoire. .	. . . . .	1,120,000

ÉTABLISSEMENT DÉFINITIF.

Frais.	Ceux supposés ci-dessus	. . . . .	1,120,000
Intérêts.	3 pour 100 sur 300,000,000 , capital versé.	. . . . .	9,000,000
Imprévu	Supposant 000,000 . . . . (*Voir ci-dessous.*)	. . . . .	000,000
	Établissement définitif . . .	. . . . .	10,120,000
Observations.	1° Il y a probablement plus du quart à retrancher du chiffre de 1,120,000. 2° Sur 3,000,000,000 de l'établissement définitif, la taxe des bordereaux pouvant donner 2,100,000 , elle se trouverait couvrir les frais et donner des bénéfices.		

TABLEAU N° 3.

PROJET PROVISOIRE D'UNE BANQUE, SES CHANCES DE PERTES RÉSULTANT DE L'ÉTAT ACTUEL DE L'INDUSTRIE.

Retenue   2 p. °/₀ sur chaque effet. *Mode d'assurance mutuelle.* Si les pertes ne dépassaient pas cette prévision', l'excédant serait réparti entre tous les signataires d'effets escomptés qui auraient été payés à leur échéance sans protêt. Ce serait par conséquent une prime au profit de l'exactitude.

Escompte   d'effets à 6 mois et au-dessous, à 6 p. °/₀ l'an pour ceux ayant 2 signatures, — à 5 p. °/₀ l'an pour ceux ayant 3 signatures. D'où résulterait le maintien de la position des intermédiaires, banquiers et escompteurs, par conséquent diminution des chances de pertes.

Produit   des escomptes. 1/6 acquis aux escomptés. *Le reste* 1/4 à la Banque de France, et 3/4 laissés par les fondateurs pour *fonds de réserve de la Banque définitive.* — Le relevé qui suit est établi sur pertes présumées.

Capital circulant, 600 millions garantis par hypothèques. — Escomptes possibles dans le cours d'une année.	Appréciation des chances, partant de cette donnée que la Banque calcule s/ 33 1/3 o/o pour chaque signature.	Produits bruts et nets des Escomptes annuels.	J'ai établi le compte des pertes, en n'attribuant à chacune des signatures que la valeur de 33 1/3 °/₀, soit 1/3 de l'obligation. — Récapitulation.	Capital. Doit.	Capital. Avoir.
Effets de 100 à 180 jours ; moyenne : 140 jours. — Capital de six cents millions peut être mis en mouvement : Fois 2,60 Supposons 2,50 — 600,000,000, mouvés deux fois 1/2, il en résulte que 1,500,000,000 sont annuellement escomptables.	La chance de 33 1/3 est plus hypothétique que réelle. La Banque a le plus souvent une seule garantie réelle, deux, souvent, trois, rarement. Le délai de 50 jours (moyenne des échéances de la Banque) est-il une sécurité ? Question douteuse.	Escomptes : 1,000,000,000, deux signat., 6 °/₀ l'an, 140 jours, produisent 2.33 o/o . . . . . 23,300,000 500,000,000, trois signat., 5 °/₀ l'an, 140 jours, Fr. 0.01456 P. F. P. jour, soit 2.0384 °/₀ . . . . . . 10,192,000 Produit brut. . . 33,492,000 Frais calculés à déduire (tableau n° 3). . . . . . . 1,120,000 Produits nets . . . 32,372,000 — Alloué à la Banque de France 1/4 des bénéfices 8,093,000	CAPITAL employé en escomptes, et qui, après la première année, serait dehors pour une moyenne de 140 jours. . . . . Rentrées : 1/3 escompté avec trois signatures . . . . 2/3 seulement sur le reste, n'ayant que deux signatures, négligeant les centimes. . . . Retenues : montant des retenues provisoires, 2 °/₀ s. 1,500,000,000 . . . . . 3/4 bénéfices nets : le 1/4 étant acquis à la Banque de France. . Perte sur le capital mis en mouvement . . . . Sommes égales . . .	600,000,000 600,000,000	 200,000,000 266,666,666 30,000,000 24,279,000 520,945,666 79,054,334 600,000,000
Le maximum de la perte serait Fr. 13.18 p. °/₀ du capital.					

10 millions de propriétaires possèdent 68 milliards ; ils représentent 1 million de propriétaires possédant chacun une propriété de 68,000 fr.

On demande que sur ce million de propriétaires 1 sur 20, soit 50,000 propriétaires, se portent chacun garant hypothécaire de 12,000, soit pour 17/64 p. °/₀ de sa propriété, qui se résoudront, au pis aller, pour chaque propriétaire à une perte de tout au plus 2.32 p. °/₀ de F. 1581.60 pour chaque propriété de 68,000 fr., avec perspective de fonder une institution financière unique au monde.

TABLEAU Nº 4.

BANQUE DÉFINITIVE.

Capital en actions, Fr. 900,000,000 divisés en 900,000 actions de mille francs chaque.

Savoir . . . . 600,000 actions de propriétaires fondateurs, 37.50 p. °/₀ des bénéfices nets.

300,000 actions versées en numéraire 37.50 p. °/₀ des bénéfices nets, plus 3 p. °/₀ d'intérêts.

Crédit de la Banque . . 300,000 fr., lui donnant droit à 25 p. °/₀ des bénéfices nets.

Somme totale en mouvement : 1,200,000,000 en billets de la Banque de France et en numéraire.

Après un an de travail de la Banque provisoire, les bases du Crédit sont assises, les valeurs connues ; il n'y a plus lieu à retenir les 2 p. °/₀ portés au projet provisoire. Pour que les services de la Banque définitive ne soient pas onéreux, et pour encourager l'assiduité, les efforts, l'exactitude ; il est prélevé à chaque inventaire, sur les bénéfices nets, le sixième de ces bénéfices, pour être réparti au prorata entre tous les souscripteurs d'obligations qui, avant la clôture de l'inventaire, auront régulièrement acquitté leurs effets, billets ou acceptations, et à l'exclusion de ceux qui se seraient laissé protester pendant le cours de l'inventaire, et de même à chaque inventaire, sans toutefois qu'un protêt essuyé à l'inventaire précédent détruise les droits acquis par l'exactitude prouvée pendant les opérations de l'inventaire courant.

Escomptes.	Produits de l'Escompte.	Résumés.	Bénéfices nets.	Pour 2 actions de propriétaires, Pour 1 action versée : Dividende.
3,000,000,000 escomptables avec un capital de Fr. 1,200,000,000 mis en mouvement 2 fois 1/2.	Calculs du tableau précédent nº 3 : 2,000,000,000 2.33 46,600,000 1,000,000,000 2.0384 20,384,000 Produit brut des escomptes 66,984,000 Frais estimés au tableau nº 3 . . . . . . 1,120,000 Intérêts : 3 °/₀ s/ 300,000,000 9,000,000 } 10,120,000 Reste pour bénéfices nets. 56,864,000	Bénéfices. . . . . 56,864,000) A déduire : 1/6 abandonné au profit des billets escomptés. 9,477,666 } 47,386,334 1/4 au profit de la Banque de France, dont le concours est sans risque pour elle . . . . 11,846,583 1/4 laissé en réserve pour pourvoir aux éventualités et revenir aux fondateurs-actionnaires. . . . . 11,846,583 1/4 aux propriétaires-fondateurs. . . 11,846,583 1/4 aux actionnaires 11,846,583	Bénéfices, réserve comprise, revenant par moitié aux propriétaires, aux actionnaires, et à diviser en 600 parts : 34,539,751.	Donc, pour deux actions de propriétaires. — Pour une action d'actionnaire, le dividende serait de Fr. 57.54.

Observation. — Sur le 1/6 des bénéfices nets réservés aux escomptes réguliers, il devra être prélevé une somme pour être employée en primes ou PRIX MONTYON INDUSTRIELS à délivrer dans chaque département à des commis et à des ouvriers sur les recommandations des Chambres de Commerce.

www.ingramcontent.com/pod-product-compliance
Ingram Content Group UK Ltd.
Pitfield, Milton Keynes, MK11 3LW, UK
UKHW020906120726
13693UKWH00003B/925